优秀员工成长手册

崔生祥◎著

把过去铭记心中，将未来紧握手中，
在工作的平台上自由舞蹈，在人生的道路上疾步奔跑。

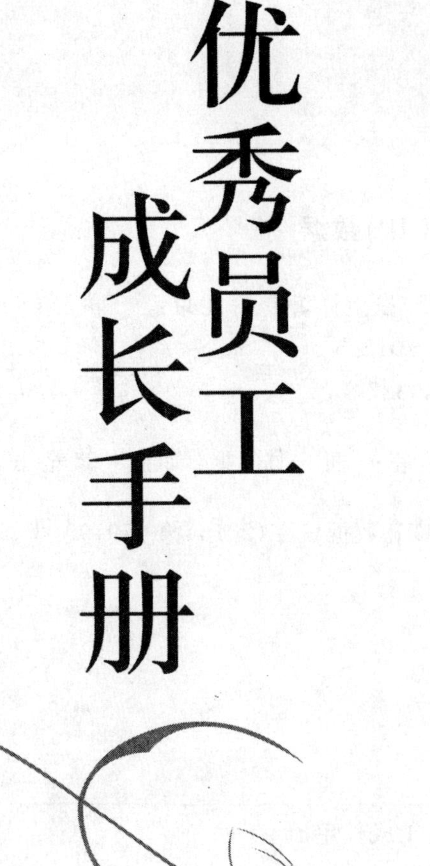

优秀员工，不断学习、勇于进取、不怕失败、茁壮成长。

用汗水铸就一生资本，用奉献诠释事业成功。

优秀源于坚定的信念，优秀源于点滴的积累，优秀源于不断的成长！

图书在版编目(CIP)数据

优秀员工成长手册/崔生祥著. — 北京：
企业管理出版社，2013.5
ISBN 978-7-5164-0327-3

Ⅰ. ①优… Ⅱ. ①崔… Ⅲ. ①企业—职工—修养 Ⅳ. ①F272.92

中国版本图书馆 CIP 数据核字(2013)第 079199 号

书　　名:优秀员工成长手册
作　　者:崔生祥
责任编辑:涂　依
书　　号:ISBN 978-7-5164-0327-3
出版发行:企业管理出版社
地　　址:北京市海淀区紫竹院南路 17 号　　邮编:100048
网　　址:http://www.emph.cn
电　　话:总编室(010)68701719　发行部(010)68414644　编辑部(010)68414643
电子信箱:80147@sina.com
印　　刷:北京市德美印刷厂
经　　销:新华书店
规　　格:170 毫米 ×240 毫米　16 开本　印张 15.5　226 千字
版　　次:2013 年 5 月第 1 版　2013 年 5 月第 1 次印刷
定　　价:32.00 元

前言

有人说公司是一所大学校，每一个员工都是里面的学员，不管年龄如何，阅历如何，在这个分属于社会的大环境中，总是可以学到自己想要的东西。事实上，一个优秀的企业，往往可以有效地促进员工的成长，而这似乎并不仅限于工作本身。

假如你用心观察就会发现，不同的公司不同的行业，只要立足于长远发展，必将培育出不同的企业文化，而这种文化又会影响员工每一天的工作理念，谨慎、乐观和积极的心态，细致、认真和无理由执行的行为作风，缜密、耐心和全面的自我准备，即便是写一篇简单的工作日程报告，不同的企业公司也各有特色。人们常说，有人的地方就必定有江湖，企业是一个用利润维持，靠结果说话的地方，同样作为这里的一分子，要想成就属于自己的辉煌，做出一番别人无法超越的业绩，就必须不断地吸取经验让自己一点点地强大起来。

作为一名企业员工，在这每天简简单单的八小时工作中，却囊括了我们一天中几乎所有精力充沛的时间。我们必须完成一定的任务，将每一份工作落实到位，并且用心协调好自己与他人的关系，上要不辜负领导，下要对得起下属和自己这份工作的职责。或许起初刚来到这里的时候，我们就像是一个懵懂的孩子，而随着工作不断的熟练，思维就慢慢打开了，每一件事情不用多说就可以做得非常漂亮，这就相当于上升到了一个更高的台阶，对自己的工作就开始顿悟。

有些时候我们会思考这样一个问题，为什么几乎同时来到这里的一群人，有些人进步得特别快，很快登上了领导的位置，而有些人从头到尾几乎就没有什么太大的起色，更有甚者还被公司辞退了呢？这其中到底有什么可以提示自己的呢？事实上，不管是一家公司还是整个世界，我们都难免于被现实的色彩所笼罩，优胜劣汰的自然规律是维持这个世界平衡的真理所在。假如我们真的想顺应时代的潮流，成就自己的事业，首先要做的就是不断地提升自我，顺应时代和公司的要求，不论是从职业道德还是从工作能力，不论是从思维逻辑，还是从处事方法，不论是从交流方式还是从礼仪规范，每一个环节都有很多我们必须要提高和注意的地方。而这一切就是我们在公司中的一种自我成长，我们开始明白，工作不仅仅是领得一份薪水，而且它还赋予了我们更多的东西，这一切的一切都是一笔宝贵的财富，可以让我们无论走到哪里都能从容淡定，无论走到哪里都能满怀信心，无论走到哪里都能成为众人中最为出色的那一个。

为了能够让更多的人领会到其中的要义，我们组织编写了这本《优秀员工成长手册》，意在帮助更多的员工向优秀的方向靠拢，在自己所从事的领域中拥有更为广阔的发展舞台，成就自己心中的那份希望和理想。

Contents

第一章　乐观自信，相信自己优秀才能成为优秀员工

乐观自信对于一名优秀的员工来说就如同生命一样重要。如果你失去了自信，那么你永远也不可能在职场中立足和成长。凭借乐观自信，我们可以释放出潜在的巨大能量；凭借乐观自信，我们可以把枯燥乏味的工作变得生动有趣；凭借乐观自信，我们可以感染周围的同事，让他们理解你、支持你，拥有良好的人际关系；凭借乐观自信，我们可以获得老板的提拔和重用，赢得成长和发展的珍贵机会。

第二章　不断学习，优秀员工的成长必修课

作为一名员工，只有通过不断地学习，不断地积累，不断地提高和不断地完善自我，才能脱颖而出，成为优秀员工。

第五章　有效执行，优秀员工的成长宝典

无论黑猫、白猫，抓到老鼠就是好猫；无论苦干、巧干，有效率的员工才是老板需要的员工。人生在世，不管你做什么工作，都必须采用适当的方法。只有方法正确了，工作才会又快又好，如果方法不正确，工作就会一塌糊涂。

第六章　积极合作，优秀的团队才会有优秀的员工

合作是优秀员工生存的第一法则。在工作中，大部分的工作任务都是需要通过合作来完成的。于是，与同事和上司合作就成为职场工作的重要内容之一。只有与同事和上司搞好合作，才能成就自己的优秀。

第七章　取长补短，才能让自己更优秀

一名员工只有取长补短，欣赏他人，配合他人，才能发挥出自己的优势。

第八章 爱岗敬业,优秀员工必备的品质

当爱岗敬业的意识深植于我们脑海中,做起事来就会积极主动,并从中体会到快乐,从而获得更多的经验,取得更大的成就。当然,要取得最终的成功还需要长期的努力,不会迅速见效。但如果不具备爱岗敬业精神,那就不会有成功的可能了。

第九章 自动自发,优秀员工是这样炼成的

要想成为优秀员工,绝不仅仅是准时上下班,不迟到早退就可以了,还需要积极主动。他们不需要谁来监督,也不需要谁来命令,更不需要谁来催促,自动自发就是优秀员工最醒目的特征。

第十章　勤奋刻苦，下一个优秀员工就是你

"一勤天下无难事"，优秀员工的第一个吻触，肯定是先落在勤奋刻苦的脸颊上。勤奋刻苦要求我们在做任何事情时都要比别人多付出一点，做事时不拈轻怕重，不投机取巧，勤勤恳恳，这样的员工才称得上是优秀的员工。

第十一章　忠诚感恩，优秀员工成长的阶梯

忠诚是一种品质，一种能力；感恩是一种境界，一种信念。在职业生涯中，每一位员工都应该以忠诚感恩来要求自己，踏踏实实地做好工作中的每一件小事，从而在工作中实现自己的人生价值。

第十二章　永不放弃，坚持到底才能保持优秀

工作中，并不都是一帆风顺的。这个时候，作为一名员工，最需要的就是相信美好的未来终会到来，不抛弃，不放弃，坚持到底。

第一章

乐观自信，相信自己优秀才能成为优秀员工

乐观自信对于一名优秀的员工来说就如同生命一样重要。如果你失去了自信，那么你永远也不可能在职场中立足和成长。凭借乐观自信，我们可以释放出潜在的巨大能量；凭借乐观自信，我们可以把枯燥乏味的工作变得生动有趣；凭借乐观自信，我们可以感染周围的同事，让他们理解你、支持你，拥有良好的人际关系；凭借乐观自信，我们可以获得老板的提拔和重用，赢得成长和发展的珍贵机会。

1.

你为什么还不是优秀的员工

在职场沉浮多年，早能驾轻就熟地应对工作了，好像该做的事都做了，可你为什么还不是优秀的员工？为什么你还在坐“冷板凳”？为什么你还是个“小角色”？不用愤愤不平，咒天咒地，先要看看你是怎样工作的，从自身找找原因。

综合来说，还不是优秀员工的人大致有以下几种：

(1)混日子型

这种人不把工作当一回事，不但表现不积极，连犯错也不在乎，心里总是想:“反正混一口饭吃。”总是采取一种应变的态度:“此处不留人，自有留人处。”这种人每天准时上下班，对人又客气得要命，让你抓不到他的小辫子。

(2)看轻工作型

这种人常说:“这工作有什么了不起?”或是“这职位有什么了不起?”一副怀才不遇的样子。他看轻自己的工作和职位:虽然不喜欢，可他又不走，这样他的行为就刺激了其他兢兢业业工作的同事和老板，当然成不了优秀员工。

(3)迟到早退型

每个人都免不了迟到早退，可是不能经常如此，这样迟早总有一天会让老板知道的，这种人当然成不了优秀员工。

(4)浑水摸鱼型

这种人机灵狡猾，看起来工作很认真，其实都是在做样子，他永远不必承担责任，但永远都有好处可得。虽然能言善辩，人缘不错，但却永远成不了优秀员工。

其他还有很多种类型，如争功诿过型、孤芳自赏型、独善其身型等。如果你是属于其中的一种，那你为什么还不是优秀员工的原因就很明了了。

了解了自己还不是优秀员工的原因，可对照下面找出自己的“病”因，然后对“症”下药。

(1)不忘初衷而虚心学习的员工

所谓初衷，就是公司的经营理念，只有始终不忘公司理念的员工，才可能谦虚，才可能与同事齐心协力。也只有这样，才能实现公司的使命。经常不忘初衷，又能谦虚学习的人，才是公司最需要的员工。

(2)有责任意识的员工

这就是说，处在某一职位、某一岗位的干部或员工，能自觉地意识到自己所担负的责任。有了自觉的责任意识之后，才会产生积极、圆满的工作效果。没有责任意识或不能承担责任的员工，不可能成为优秀的员工。

(3)自动自发的员工

具有积极思想的人，在任何地方都能获得成功。那些消极、被动地对待工作，在工作中寻找种种借口的员工，是不会受到公司欢迎的。

(4)爱护公司，和公司成为一体的员工

除了睡觉，每个人有大半的时间在公司中度过，公司是自己的第二个家。优秀的员工，都具有公司意识，能和公司甘苦与共。

(5)不自私而能为团体着想的员工

应该明白，所有成绩的取得，都是团队共同努力的结果。只有把个人的实力充分地投入到团队形成合力，才具有价值和意义。

(6)随时随地都具备热忱的员工

人的热忱是成就一切的前提，事情的成功与否，往往是由做这件事情的决心和热忱的强弱而决定的。碰到问题，如果拥有非成功不可的决心和热忱，困难就会迎刃而解。

(7)有自主经营能力的员工

如果一个员工只是照上面交代的去做事以换取薪水，这是不行的。每一个人都必须以预备成为老板的心态去做事。如果这样做了，在工作上一定会有种种新发现，个人也会逐渐成长起来。

(8)有气概担当公司经营重任的员工

这种气概就是自信、毅力和责任心的表现,这种气概会给公司带来不可估量的价值。

什么样的员工才称得上“优秀员工”的荣誉称号?上班多年,为什么从来没有这样的殊荣?请好好地思考一下,自己是否乐观自信,如果是,就按照上述思想找出原因解决吧!

【优秀员工箴言】

你为什么至今还不是优秀的员工?首先你要懂得怎样才能成长为一名优秀的员工。能够以愉悦的心情去面对工作,情绪稳定,以积极的态度去应对工作中的困难挫折。这是你成长为优秀员工的前提。

2. 乐观自信是成为优秀员工的前提

不论才能大小、天赋高低,成功都取决于坚定的自信。相信自己一定能做到,事实上就能够成功。相反,不相信自己,那就绝不会成功。也就是说只有相信自己一定能成为优秀员工的人,才能成为优秀员工。

周响只是一个有着中专学历、相貌一般、能力中等的年轻人。第一眼看见他的人都不会相信这个看似平凡得不能再平凡的年轻人,竟然在短短三年内,实现了从一个小职员到销售负责人,年薪从微薄的两万元到十多万元的提升。

从周响进公司到现在的成就本身就是一个传奇。公司曾举办过一个大型的技术交流会,会上邀请的都是国内各大企业的总经理或负责人,周响并没有在邀请名单之内。他便假装是某公司总经理的助理,从而进入交流会场。凭借自己极佳的口才和饱满的热情,很快与公司一位副总搭上了话,他对副总讲了自己对这项技术的理解和兴趣,还谈了自己的工作经验,并希望能进公司发展。

正巧赶上公司急需人才,因此,副总给了他这个机会。毫不夸张地说,周响凭借着他的乐观和自信敲开了公司的大门。

在公司里,与一群比自己学历和资历高的人在一起工作,周响从来没有自卑过,相反,他每天都以乐观的精神面貌投入到工作中去,最终获得了现在的一切。

在当今越来越强调人际交往和互动的职场中,仅仅凭借自己的专业能力,或者脚踏实地地做好本职工作,就想成为优秀员工,似乎已经越来越难了。那么什么方法能助你一臂之力呢?用乐观自信吧,用你自信的言语和行动来打动你的上司,唯有坚信自己“飞得更高”,在瞬息万变的职场中才有机会出人头地,受到同事的欢迎,才能在上司的心里立有一席之地。

怎样才能有效地将乐观自信实施于工作中,让自信为自己加分呢?

(1)昂首挺胸,积极饱满的精神状态

形体的自信能给人眼前一亮的感觉。一个腰板笔直、衣着得体、生机勃勃的人和一个缩头缩脑、衣着邋遢、不苟言笑的人相比,哪个更受尊重和欢迎呢?答案是显然的。

形体的自信是一种整体性效应,除了行为举止还包括面部表情、站立姿势等。神情专注、面带微笑会让人觉得你是一个值得信赖的人;与别人说话时挺胸直立,会显示出人格的尊严,也是尊重对方的表示;谈话时适当地注视对方,能使谈话正常有效地进行下去。另外形体的自信还会强化语言的自信,也能帮助自己建立良好的自我感觉,更加满怀信心。如此看来,只有充满自信的形体和语言,才会引人注意,受人尊重,进而达到良好的人际互动。

(2)我相信我能

在办公室里,你也许在扮演着一个不起眼的角色,旁人丝毫不会注意到你。这时,千万不要自卑,让自信来扭转这个局面吧——积极主动地向前迈出一步,向同事和上司展示你的聪明才智,从而引起大家对你的关注和信任。

比如,主持一个会议,主动承担一些上司想解决的问题,或者主动地真诚地帮助你的同事。也许你并没有起到举足轻重的作用,但是只要有一点点的成功,你的内心就会有巨大的变化,上司和同事也就会越来越认识到你的存在和价值,你在办公室里的地位从此就会有显著的提高。

(3)把自己的想法勇敢地说出来

一个人如果能把自己的想法清晰明白地表达出来,那么他内心一定具有明确的目标和坚定的信心,同时他充满信心的话语也会感染对方,吸引对方的注意力。勇敢地把自己心里的话说出来吧,不要在乎你的听众是你的顶头上司,还是一个普通员工。当你有想法的时候,就把它们说出来,让你的听众感觉到你的自信。

(4)拥有积极的心态

"我不行""我不能""怎么可能"……这些话是否耳熟？你是否在工作中时常将它们挂在嘴边？这种不断退缩的行为,就是悲观自卑的表现。你需要突破这种消极心态,从某种意义上说,这一过程是非常艰难的,每个人都渴望一个乐观自信的自己,却总是被过度胆怯和缺乏自信而束缚,担心失败,最后只能继续回到原点。下面是消极心态带来的坏处,希望通过这些可以让你突破消极心态,拥有积极的心态。

◎ 悲观自卑让他人失去对你的尊重。如果你有下属或助手,那么就会失去威信,影响工作的进一步开展;

◎ 悲观自卑让你一事无成。你的成就只能局限在某一领域,获得更大成功的希望微乎其微;

◎ 悲观自卑让你成为真正的弱者。不管你的能力有多强,只要你一直认为自己是一名弱者,你真的就会成为一个弱者。

"你相信它,才会看见它,你看见它,才会去追求它,你只有去追求才能真正拥有它。"这句话的意思就是:你必须拥有足够的乐观自信,自信让你敢于去设想一个美好的工作目标,而且你相信自己有能力去实现这个目标,然后你才会用实际行动来证明自己的能力,走完这个过程你就能获得最后的胜利,而且还能懂得乐观自信在自我成长和晋升中所起到的巨大作用。

【优秀员工箴言】

与金钱、势力和出身背景相比，乐观自信是最重要的东西，是人们从事任何事业最可靠的资本。乐观自信能帮助人们排除各种障碍，克服种种困难，使事业获得完满的成功。

3.

相信自己最优秀是成功的一半

现代社会，竞争日益激烈，人们为了更好地生存，进一步发展自己，在工作、学习、爱情等各个领域展开了各式各样的竞争。在竞争中，胜利者将更好地生存和发展，失败者将会被社会无情地淘汰。那么，要想让自己在竞争中获胜，我们自身需要具备哪些条件呢？很重要的一点是要有乐观、自信的生活态度。可以说：乐观、自信是成功的一半。

为什么说乐观、自信是成功的一半呢？因为乐观、自信的生活态度是促进一个人发展的动力和源泉。我们都知道：才能是在竞争中取胜的基础。但是，现实生活中，拥有一定的才能而导致事业和爱情失败的例子却比比皆是。究其原因，我们会发现，很多情况是由于他们缺乏自信。缺乏自信，会使我们无法正常发挥自己的水平，也会堵塞我们进一步前进的道路。一个人，即使暂时没有出众的才华，但是如果具备乐观、自信的生活态度，积极进取，前途就不可限量。反之，一个人即使暂时拥有出众的才华，但是却自卑消沉，不思进取，自甘堕落，那么他很快将会被时代的步伐远远地抛在后边。况且，乐观、自信的精神面貌还可以给别人留下美好的印象，从而为自己的成功创造更多的机会。因此，保持自信、乐观的心态在生活中显得十分重要。

那么，我们应该怎样培养自信呢？

1. 比别人先行一步

彻底改掉总跟在别人后面，做事总比别人慢一拍的坏习惯，在工作中先行一步。比如，当电话铃响起时，抢先接电话，尽管你知道不是找自己的；当客人或上司来时，第一个起身接待；召开会议时，随时给他人的杯子里添上茶水等。反应敏捷、做事勤快、行动力强就是自信工作的最直接表现。

2. 积极主动地做事

做事情时别慢条斯理的，那会给人消极怠工的印象。把自信投入到工作中去，你会发现很多潜在的问题，主动想办法解决这些问题，不但可以从中学到很多知识，而且还会给上司和同事留下果断利落的印象，这对于你获得成长的机会无疑大有裨益。

3. 调整自己的心理状态

相信未来、相信自己。我们应该相信，只要努力奋斗，一定可以改变令人不满的现实，赢得一个美好的未来。相信自己一点也不比别人差，我们大多数人的智商都没有太大的差异，差异在于我们的努力程度，别人有一双手，我们也有一双手，这个世界上没有神仙、圣人，别人可以做到，我们有什么理由做不到呢？当然，也许会有人说，现在的社会风气不正，不少人是靠关系后门取得成功的，自己没有这样那样的条件。可是，我们也应该看到，有不少人是靠自己的努力取得成功的，而且我们也应该相信：最终的胜利、成功是属于那些真正有才华的人的，那些欺世盗名、投机取巧者最终必将被社会淘汰。真正的人才是不会被埋没的，如果我们没有成功，也应该想想是不是由于我们缺乏某个方面的才能，想办法改变自己，充实提高自己，自己去争取创造机会。

现实生活中，有不少人失败并非是由于缺乏实干精神，而是由于缺乏乐观自信的生活态度，因此才阻挡了自己走向成功的步伐。所以，在工作、生活中，让我们多一份乐观自信，也让我们的人生中多一份成功吧！

【优秀员工箴言】

乐观自信是走向成功的第一步，悲观自卑是失败的主要原因。缺乏信心并不是因为出现了困难，而克服不了困难倒是因为缺乏信心。有些人开始相信自己能够成功，但一遇挫折，他们就半途而废，这是自信心不坚定的缘故。

4. 保持高昂的工作激情，发现工作的乐趣

不管你的处境有多么糟糕，千万不能因此而厌恶你的工作。如果因为环境所迫，不得不做一些乏味的工作，也要设法使工作变得充满乐趣。有这样一种工作激情，会使你取得意想不到的效果。

从前一个老太太，有两个儿子，大儿子的工作是卖伞，小儿子的工作是卖布。每当天晴的时候，他的小儿子生意很好，但是大儿子的伞卖不出去，而下雨的时候，她大儿子的伞有人买，小儿子的布却没法卖，因此老太太每天都很悲观。后来，有位智者告诉老太太说："你为什么不这样想呢？天晴的时候，你就想，我小儿子的布可以卖出去了，下雨的时候，大儿子的伞就有生意了，那样岂不是每天都很开心呢？"

一个简单的问题，能积极乐观地考虑，为什么非要想不好的一面呢？在现实生活中却是这样的，一些专业能力很强的员工工作得很不开心，每天都精神紧张，没有一点激情，很不快乐，他们根本找不到工作的兴趣所在，总以悲观的心态面对一切。

全国劳模李素丽说："如果你把工作当成一种乐趣，那么工作会越做越好，如果你能找到工作的乐趣，那么再苦再累也是值得的。"

一个人在工作的时候，如果以高昂的工作激情面对它，那么就会发现工作的乐趣，即使再平凡的工作也能做得有声有色，而一个人如果对工作没有一点激情，那么工作对他而言根本没有乐趣可言，他也不会有任何成功的机会。

那么，我们应该如何保持高昂的工作激情，发现工作乐趣呢？

1. 把工作看成是自我满足

心理学家发现,人们为了自我满足而从事一项活动是一种乐趣。如果是强制性地从事一项活动,就未必是愉快的。你可以因为自己刚刚成功地拜访了一名新客户,或者出色地完成了一个难度较大的项目而高兴,俗话说:“知足常乐。”满足于目前的工作会成为你开展下一轮工作的激情与动力,你的工作也会因此而充满乐趣。

2. 把工作看成是创造力的表现

其实,每一项工作都可以成为一种具有高度创造性的活动。一个运动员完美无缺的动作,从创造的角度来看,可以与《十四行诗》那样的作品相媲美,并且可以让观众或读者获得同样的精神享受。

3. 把工作看成艺术创作

马丁·路德·金曾说过:“如果你是一名清洁工,也要像米开朗琪罗绘画、贝多芬谱曲、莎士比亚写诗那样的心情对待自己的工作,这样,你就会从中发现很大的乐趣。”在现实中,假如每个人都能把自己的工作当成艺术创作,把单调、枯燥的打字看成是在钢琴前创作新的圆舞曲,那么他们的工作会成为一幅艺术杰作。

如果你能发现工作的乐趣,工作起来就不会感到辛苦和单调了。乐趣将让你的身体充满激情,哪怕做再多的工作,也不会感到疲劳。

满足生存需要不应该成为工作的唯一目的,工作更应该成为实现人生价值的途径。无所事事的人生将是悲哀的人生,发现工作的乐趣,将乐在其中,人生也将因为从事所热爱的工作而得到升华。

工作就是为了使自己获得更多的快乐!如果你把每天八小时的工作看作是在游泳池中快乐地游泳,这是一件多么惬意的事啊!

【优秀员工箴言】

一个成功的人,他总是把工作当成一件快乐的事,并且,他还乐此不疲地把这份愉悦传递给别人,使人们愿意与他交往和共事。

5.

端正工作态度，永保工作热情

工作时，难免会有些失意、坎坷或者挫折，但是如何去面对和理解它，是职场员工非常重要的一个心理问题。我们说，任何事情都有它的两面性，塞翁失马，焉知非福。一件事情对你有利还有是害，关键看你是以怎么样的心态去面对它。

在很多公司里，都存在这样一种现象：有些员工的能力非常强，知识也很渊博，但是他在公司里并没有做出非常突出的业绩，而有些人虽然专业知识不够渊博，经验也有所欠缺，但是由于他们对工作充满了热情，反而做出了惊人的业绩。如果一个人对自己的工作没有热情，那么注定他成不了大事。我们可以试想一下，当你坐在办公桌旁，愁眉不展地面对自己案头的工作，感觉这些工作就是一副副枷锁的时候，又怎么能够把它完成好呢！

卡耐基曾经说过："一个人成功的因素有很多种，而热情是这些因素中最重要的，没有它，不论你有多大的能力，都发挥不出来。"一个人即使再有才华，如果缺乏热情，也将一事无成，相反，对于一个对工作充满热情的人而言，热情就是工作的催化剂，再枯燥的工作也会变得有趣，再难的工作也会变得简单。

下面是三位清洁工对于工作的理解，相信大家看后会明白一些事情。

第一位清洁工对自己的工作是这样理解的："我天天拿着大扫帚扫着这些该死的垃圾，你看看到处都是尘土飞扬，害得我每天身上都是脏兮兮的，这简直就不是人干的活。"

第二位清洁工对自己的工作是这样理解的："为了每月的工资，我才会做这份工作的，要不是为了一家人的温饱，谁愿意干这扫马路的工作啊。"

第三位清洁工对自己的工作是这样理解的："我每天的工作虽然不是

很轻松，但是每次扫完马路后，我就有一种成就感，看着那些行人走在干净的马路上，我感觉自己特开心！能够为争创文明城市出一份力，是我的荣幸！”

同样都是扫马路的清洁工，给人的感受却完全不同。

第一位清洁工对自己的工作态度是抱怨，没有丝毫热情，可以想象，在不久的将来，他很有可能成为社会的弃儿。

第二位清洁工对自己的工作态度是薪水，也没有热情，为了工作而工作，相信这种没有责任感和荣誉感的人很难得到公司老板的青睐。

第三位清洁工对自己的工作态度是享受，对工作充满了热情，相信这样的员工肯定是公司里最优秀的员工，也是老板最青睐的员工。

在当今社会的上班族中，有着前两种工作态度、缺乏热情的员工非常之多。他们觉得自己工作就是为了挣钱，每天茫然地上班、下班，被动地应付着工作，重复着机械式的工作，不可能为工作投入任何激情和热情。

那么，我们应该如何端正自己的工作态度，永保工作热情呢？

1. 明确工作的目的

知道自己为什么而工作是非常重要的。如果是为了理想，为了展示自己实实在在的价值，被他人和社会需要和认可，为了没有白活一生而工作，而不仅仅是为了一份薪水而工作，那么就会感到快乐，感到工作总是有激情的。然后需要分阶段给自己确定目标。人们往往只在爬坡的时候，才会感到干劲十足，充满激情。当爬上山顶的时候，反而觉得迷茫。所以，人们需要不断地给自己树立新的目标，这样工作起来才会有方向、有动力和有奔头，才有助于保持高涨的工作热情。

2. 了解什么是工作热情

工作热情是一种洋溢的情绪，是一种积极向上的工作态度，更是一种高尚珍贵的精神，是对工作的热衷、执著和喜爱。它是一种力量，使人有能力解决最艰深的问题；它是一种推动力，推动着人们不断前进。它具有一种带动力，洋溢于表，闪亮于言，展现于行，影响和带动周围更多的人热切地投身于工作之中。工作热情并不是身外之物，也不是看不见摸不着的东西，它是一个人生存和发展的根本，是人自身潜在的财富。

3. 找回工作热情

许多人在刚刚踏入职场之初，干劲十足，激情高涨，对自己的职业前途寄予厚望。但用不了多长时间，工作的平淡就会磨平他们的工作激情，他们就会觉得自己像个机器人，每天重复着单调的动作，处理着枯燥的事务。他们每天想的不是怎样提高工作效率，提升自己的业绩。而是盼望着能早点下班，期望着上司不要把困难的工作分配给自己。每当工作中出现不顺心的事，他们就会“鼓励”自己换个工作环境，然而每一次跳槽的结果都不尽如人意。要想摆脱职业困境，跳出这一怪圈，我们就必须想办法找回工作激情。

无论是清洁工、工厂作业员还是经营一家公司，都应该端正工作态度，永葆工作热情，当一个人对自己的工作态度诚恳、充满热情的时候，他就会把自己所有的知识、智慧和能力投入到自己的工作当中，无论面对什么困难，他都有足够的信心摆脱困境，把自己心中的愿景变成现实。而这样的员工也正是老板所需要的员工，任何一个公司老板都希望自己的员工能够充满热情地对待工作。对于一个对工作没有任何热情，像“应声虫”一样的员工，老板永远不会把他放进优秀员工的考虑范围之内。

【优秀员工箴言】

即使你再有才华，如果缺乏工作热情，也很难将自己的能力、经验、知识转化为行动，就永远不会创造出骄人的业绩，因而很难得到提拔和重用。所以，不管是为了自己还是为了公司，请拿出你的好态度和热情来！

6. 排解压力，轻松工作

你是否时常会因工作上或大或小的事情而焦虑？

你是否会因与同事合不来而异常烦躁？

你是否会因上司总挑你的毛病而心神不宁？

如果你用两个或以上的“是”回答上面的问题时，那么，就说明你已经活在了工作压力之中。其实，现代职场人士的压力无处不在，找出压力产生的根源，并懂得如何排解压力，是生活在压力之下的职场人士的必修课程。

工作方面的压力主要来自：

(1)工作条件：如超时超量的工作任务、对自身职业产生的不安全感、工作灵活度较大要经常出差等；

(2)工作角色：如对自身认识不清、角色不稳定、处于矛盾之中；

(3)人际关系：如缺乏支持与关心、竞争与嫉妒等；

(4)自身的职业发展：如职位变化产生的不适感、自身的职业发展前途、理想受挫等；

(5)组织结构：如企业内部管理僵化、监督不力造成的不公平等。

在工作中，压力会让人产生许多不良的情绪或行为。压力会降低我们的工作积极性，让我们失去对工作的热情，影响与上司或同事之间的人际关系，易使我们带着不良情绪去工作。压力对人的工作影响是巨大的，在工作中如果你能掌握一些缓解压力的方法，压力便不会对你怎么样了，这样你就可以轻松工作了。

(1)润泽心灵的音乐疗法

在工作中，当压力袭来，当我们深陷在狭隘的意识之中不能自拔时，此时好的音乐则可以让我们在潜意识的辽阔空间中忘却烦躁，放弃意识对现实情况的偏执，从而解脱精神痛苦。每天可以选择适当的时候冥听10分钟的音乐，让自己的心灵能够享受安静，让自己能够心平气和地投入工作之中，平心静气地为人处世。

(2)放松疗法

放松疗法主要原理为：让人在放松的状态之下，降低大脑皮层的兴奋性，使全身的肌肉得到放松，紧张的情绪得到缓解。在运用放松疗法时，需要先选择一个安静整洁、光线柔和的房间，然后躺在沙发上，闭上眼睛，同时体验舒缓和放松的感觉。进行放松训练的方法有很多，如瑜伽、坐禅等。

(3)学会忘记工作中的不如意

你还在为工作不能升职而心烦吗？你还在为不能处理与同事之间的

关系而焦虑吗？……事实上，工作中许多的烦心事，你都是可以选择忘记的。工作中不如意的事情十有八九，要想让自己以愉悦的心情面对工作、面对生活，就要学会给自己减压，而遗忘则是减压的好方法。那么工作中哪些是需要以最快的速度去遗忘的呢？

首先，要遗忘不好的自己。在长期的工作中，人总会有一个最相对不好的阶段，但是不管以前的自己是怎样的，在你决心重新开始的一刹那，就应该将过去不好的自己忘掉，做一个全新的自己。

其次，遗忘名利和怨恨。在工作中，不要为了争名利而让自己背负上沉重的心理压力。如果你能遗忘名利，你会过得更加潇洒。得到了，切莫沾沾自喜；失去了，也别自怨自艾。顺其自然，不把得失放在心上，压力就对你无可奈何了。

(4)瑜伽：一种神奇的减压秘方

在工作中，要让烦恼和压力不复存在，就需要适时地净化你的心灵，而瑜伽就是一项净化心灵的运动。职场人士在压力大时，不妨尝试练习一下。下面为职场人士介绍一个具有排压作用的简单瑜伽动作。

站立祈祷式：双脚并拢，双手贴于体侧。同时，掌心朝前，收腹、提臀、挺胸、压肩、收下巴，面部保持微笑。吸气，双手合十于腹部，并缓缓向上移动至胸前。再吐气，手肘抬至与肩同高，然后双手掌进行互推。再吸气，吐气，同时双手由手肘带动向右边推，手肘以不超过肩膀为准，并保持与肩同高并做延伸，同时，头颈向左看，保持做三个深呼吸。然后，以同样的动作，换侧重复。

(5)听笑话，让自己笑起来

笑是一副“减压剂”，它可以振奋人的精神，缓解人的紧张和焦虑的情绪。工作中，让自己开心笑起来的方法有很多，下面向职场人士推荐几种：看漫画，对于上班族来说，可以在自己的办公桌前放几本幽默的漫画书，在精神压力大的时候或是空余时间随便翻阅一下，便可以消除烦恼；看喜剧电影，喜剧电影中富有哲理的情节，夸张的造型，搞笑的动作，幽默的语言，会让你狂笑不止。在工作之余，你可以多看看喜剧电影，会让你立刻忘却工作烦恼；和同事们讲笑话，在工作之余，可以与同事们一起讲讲笑话，不仅可以缓和与同事之间的关系，也可以为大家减压。

希望我们每一个人都能够在日常工作中，为自己装一个“减压阀”，适时给自己减压，让自己坦然地面对工作，从而全心全意地工作。

【优秀员工箴言】

压力对人的身心影响是巨大的，在生活与工作中如果你能掌握一些减压技能，压力便不会对你怎么样了。懂得调节压力的人便可以经常生活在乐观和自信之中，会时常感觉工作是有意义、有价值的。

7. 保持一种乐观、自信的阳光心态

为什么很多人都不快乐呢？下面的一段话，也许可以说明问题："身无分文时不快乐，腰缠万贯后也不快乐。被人使唤时不快乐，使唤别人后仍然不快乐。当学生时不快乐，打工挣钱后还是不快乐。一句话，活得太累，生活中没有阳光。"

罗斯福很小的时候，长了一口龅牙。像他这样的小孩，在人们的印象中，一定敏感而脆弱，不参加活动，也不交朋友，只知道一个人自哀自怜。可是，情况却刚好相反，虽然他有很多的缺陷，但他对自己、对他人、对生活充满了无限的激情。他从小就是一个十分热爱生活的人。这种积极热情的精神鼓励他勇敢地面对一切。有缺陷让他更努力地奋斗，同伴们的嘲笑没有让他退缩，年龄的增长让他对生活更加坚定。而就是凭借这种精神，最终使他成为美国成功的政治家之一。

可见，生活中不是没有阳光，而是因为你总低着头；不是没有绿洲，而是因为你心中只有一片沙漠。工作中遇到困难和挫折是难免的，关键是要对自己有信心，能够保持一种乐观自信的阳光心态。

这个世界上没有绝对的好与不好，其实好与不好都在于我们的心态。在工作中，乐观自信的心态是最为重要的。任何对客观环境的不满和怨天尤人都是无济于事的，只有以积极向上的阳光心态去面对工作，才是解决问题的最佳方法。一个人只有具备阳光心态，才能冷静客观地面对挫折，任何的困难和挫败，都不会使他失去信心，反而会成为他走向成功的基石。所以，无论我们遇到什么样的事情，都要以一种乐观自信的阳光心态去看待。

瑶瑶是沃尔玛超市的收银员，她日复一日地重复几乎不用动脑、没有技巧也不复杂的简单工作。但是，她让这项简单的工作变得有趣起来。

一天，超市的经理发现瑶瑶的收银台前排队的人比其他收银台前多出三倍。经理大声叫道："多排几队！不要都挤在一个地方！"可是没有人听。顾客们说："我们都排瑶瑶的队，我们想要她的'每日一得'"。

原来，瑶瑶为了使自己单调的工作变得有趣起来，便想出了一个自我鼓励的办法：每天下班回家找一句温馨有趣或发人深省的话作为"每日一得"。她还打印出许多份，在每一份的背面上都签上自己的名字，第二天给顾客结账时，顺手放入他们的购物袋里。没想到，这份额外的工作不仅让自己对工作兴趣盎然，还吸引了许多顾客的光顾。

阳光心态让我们珍惜并重视自己每一天的工作。以这种心态工作，没有什么工作是单调乏味的，没有什么困难是不能克服的。公司里的同事受到这种心态的感染，也会变得开心起来，团队也会形成和谐的氛围。

只要持有阳光心态，哪怕我们是在最平凡的岗位上，一样可以得到别人的尊重，成为公司里的优秀员工。有人曾说："20%的人天生激情阳光，60%的人通过外力和自身改变可以变得激情阳光，还有20%的人没有办法激情阳光。"我们大多数都是属于那60%，可以通过自身的改变去塑造自己的阳光心态。那么，我们应该如何塑造自己的阳光心态呢？

1. 弄清楚是什么让我们如此烦恼

让人烦恼的原因有两种：一是完美主义倾向。过度追求完美的人，往往要求自己所做的每一件事，说的每一句话都要十全十美。从另一个角度而言即有很强的占有欲和控制欲，这些人具有强迫倾向，也就是一种不健康的心态。二是自卑倾向。有些人特别害怕社交场合，因为担心自己做不好，担心自己会让别人尴尬。这和一个人过分在意个人的容貌、口才、表现、自我成就力和给别人留下的印象等有关，不过主要都是集中在与他人交往过程中的互动关系上，害怕别人不喜欢自己，会对自己做一些消极的评价。

面对烦恼的基本原则有三：一是弄清事实；二是分析事实；三是做出决定。因此，要减少烦恼，首先要清楚地知道事实。我们烦恼什么，为什么会烦恼？要对这些做直截了当的探索，越具体越好，最好拿出纸笔来，清楚地写下来，问题才会明朗，仅用头脑想是不够的。

2. 忘记工作中的不如意

在长期的工作中，人总会有一个相对不好的阶段。也许你迷惘过、彷徨过，甚至堕落过，但是不管以前的自己是怎样的，在你决定重新开始的一刹那，就应该将过去不好的自己忘掉，做一个全新的自己。学会遗忘不好的自己，是需要极大的勇气的，需要你下定决心看淡过去，只要你有决心，坚持不懈，最终是可以做到的。

3. 找到工作的意义

你在从事什么样的工作？做到了哪个职位？对于自己正在从事的这份工作，又是如何看待的？对一个人来说，可能已经对自己的工作失去了兴趣和新鲜感，出现厌倦和烦恼。

其实，从事什么工作并不重要，重要的是如何从事这项工作，对工作持什么态度。只有积极的、有创造性的、有责任感的态度，可能创造工作意义。而对于现代的很多人来说，工作已经成了增补生活的手段。若以这样的态度对待工作，你的工作将永远没有意义，当你面对工作时，你也永远只会感到烦恼。

【优秀员工箴言】

阳光心态让我们珍惜并重视每一天的工作。以这种心态工作，没有什么工作是单调乏味的，没有什么困难是不能克服的。

8.

良好的态度是最重要的资本

诚实与自信固然是一个向往成功的青年人应该具备的重要条件，但是要获得成功，还需要一种必不可少的资本，那就是良好的态度。态度是你与人会面时给人留下的第一印象，其重要性不言而喻。一个粗俗不堪或态度恶劣的人，必然会给人留下很不好的第一印象，令人产生反感，结果是无法赢得他人的信任与合作，处处碰壁。而一个态度良好、和善亲切的人，即便长相平平，甚至身有残疾，仍然会比那些眉清目秀、身强力壮，但态度粗鲁的人更易受到人们的欢迎。

世界上有无数才能平平的人却靠着他们良好的态度，能做到处事顺利，事业有成。当著名金融家乔治·皮博迪先生还在一家商店做小职员时，有一次，一位老妇人来买东西，但是她所需的东西在皮博迪先生供职的店竟然没有。皮博迪先生态度和蔼地向老妇人道歉，道歉过后，他又特地领着那位老妇人到别的店去，帮她买到所需的东西。后来，这件事竟然使那位老妇人感激了一生，到临死之前，老妇人还在遗嘱中列出了一个条款：对皮博迪先生这种以礼待人的行为要给予相当的报答。有这样一位朋友年轻时非常穷困，后来他勉强备齐了一笔小资金，在农村开了一家杂货店。商店开张后，他对所有上门的顾客都和蔼亲切，彬彬有礼，并且对他们的事务表示关心和兴趣。他热心地去做一切可以为顾客带来便利的事情，后来他的商店声名鹊起，连离他商店较远的人们也上门光顾。由于这一原因，他的经营规模也随之迅速扩大，如今他已在村庄附近地区设立了许多连锁店。

有些经营规模很大的商店之所以能够门庭若市，就是因为他们的老板深谋远虑，选用了许多态度和蔼的店员，从而使自己商店的声誉不断上升。我也见过几家本来生意不错的商店，就因为辞退了一些品格优秀的店员，而使生意很快衰落，如今已是门可罗雀了。

法国巴黎有家著名的藩马齐公司,这家公司之所以生意兴隆,就是因为公司的经理非常注意店员的态度。纽约也有两家类似的百货公司,都是因为店员服务良好的态度而闻名的。

一个商店要想生意兴隆,店主就必须要有选用态度和蔼的好店员的锐利眼光。一个善于经营的店主一定会非常重视店中所有工作人员礼貌态度的培养。他首先会从自己做起,比如和颜悦色地对待所有下属,重视每个职员在工作中的努力,关心员工的生活等。用这种方法和态度来管理店员,要比严格苛求的管理方法和态度来得更高明。而且好态度具有传染性,店主这种和善的行为不久就可影响到店员的态度,而且久而久之,大家就都知道你是一位和善体贴的店主了。

任何商店的老板当然都希望自己的员工能够吸引顾客,使自己的生意日渐兴隆,但是却不应当鼓励员工用强迫推销的方式,去迫使顾客买你的东西。我们应该懂得:跨进我们店门的任何一位顾客都是一位新的客人,必须要和气地对待,至于买不买东西则是他的权利,我们绝对无权加以干涉。我们所应尽到的职责,就是代表商店亲切和蔼、彬彬有礼地招待客人。许多人因为缺乏良好的教养,在待人接物上养成了自大、蛮横、粗鲁、生硬的态度。这种人如果还没有自知之明,不加以改善,前途必定一片灰暗,做起事来也肯定会不顺利,就更谈不上有什么大的成就了。

如果一个人能从小就受到关于"为人态度"的教育,那么长大成人后他自然就会拥有良好的态度。由于拥有优秀的品格和良好的态度,这种人将来一定容易成功,而在他成就大业的道路上,他那良好的态度也将成为他的最大资本。一个态度和善、学识渊博的人,与那些坐拥财富却脾气乖戾、不得人心的人相比,是有天壤之别的。

【优秀员工箴言】

如果说你的社会关系是一部机器,那么良好的态度就是这部机器中的"润滑剂"。当缺少"润滑剂"时,机器一定会发出噪音。等到每个人都受过良好态度的教育后,我们置身于那时的社会,不知道会增添多少快乐。可以想象,无论我们走到哪里、遇见谁,都会感到社会充满了愉快、亲切与和谐的气氛。

第二章

不断学习，优秀员工的成长必修课

作为一名员工，只有通过不断地学习，不断地积累，不断地提高和不断地完善自我，才能脱颖而出，成为优秀员工。

1. 不断学习，才能离“优秀”越来越近

在这个知识与科技发展一日千里的时代，我们只有不断地学习，才能充实自己，才能获得成长，才能使自己离“优秀”越来越近。优秀的员工往往会不断学习，加强自我能力的修炼，从而确保自己在竞争激烈的职场环境中获得更好的生存和发展机遇。

曹兵是一家公司的部门主管，这几年来一直忙于工作。他的朋友劝他抽出时间参加一些必要的培训班，给自己“充充电”。本来时间就紧张的曹兵认为自己是大学本科毕业，所学知识完全能够胜任现在的工作。

然而，令他没有想到的是，下属李森本来是大专毕业，通过自学拿到了本科文凭，不仅学历提高了，并且在数年的商战中积累了丰富的实战经验，能力得到了极大的提高。

在一次外贸洽谈会上，要用英语与对方交谈，曹兵不会，李森用娴熟的业务知识和流利的英语，为公司赢得了这次的合作合同。在年底的人事调整中，李森升为经理，成了曹兵的上司。

无论你是在公司身处要职，还是一名深受老板和上司喜欢，具有一定能力的优秀员工，有一点必须时时刻刻记在心头，那就是不满足于现状，不断学习。否则，你便会被人超过而惨遭淘汰。

不断学习的方法有很多，可以说职场就是一个大的学校。那么，我们应该如何从这所学校里不断学习，向“优秀”靠近呢？

1.向身边的人学习

一个人的知识和经验总是有限的，在工作中，你一定会遇到解决不了的难题，这就需要你向别人学习，而最好的对象就是你的上司或者你的同事。不要让虚荣或不好意思堵住你的嘴，堵住优秀员工的大门。

参加了工作的，不再像学生时代那样，每天都可以听老师的讲解，这时就需要你自己去寻找老师。公司里的上司和同事都可以做你的老师，你可以观察他们的言行，或者给他们做助手，在不知不觉的工作中，根据自己的需要，做适当地取舍和升华，形成新的知识体系。

2.利用业余时间读书

书是读得越多越好吗？其实不然，在今天，我们判断应该读多少书，要以个人的读书能力为限。不谈专业的差别，就人才个体来说，读书宜多不宜滥，可以将此作为一个原则。宜多不宜滥，就是说读书要有个数量界限，这个界限应该根据所学专业和个人具体条件来确定。

在繁忙的职场生活中，掌握一定的读书技巧更有助于我们积累知识。首先要注意读与思的结合，读书只有经过思考、观察和实践，才能"读到糊涂是明白"。为防止读书僵化，就要做到读书与思考同步进行，遇到不懂的就要想办法找到答案。其次，读与问要结合，提问是解决问题的一半。最后，读与做要结合。读书应该与实干结合起来，读而不做，自然就变成了书呆子。

3.尽量学一门外语

如果没有时间，那么可以重新拾起以前学的英语，不用再去重新寻找一门语种来学习，把英语学好已经是一件很了不起的事情了。很多人的工作都会接触到外语，这正是一个学习的机会，所以尽管我们进入了职场，仍然不要把外语扔下不管，语言可以成为你关键时刻的救命稻草，也可以让你在同事中脱颖而出。

4.培养自己的操作技能

操作技能指的是对高科技产品的实际操作和对现代科技知识实际应用的能力。对于职场中的员工来说，掌握以下技能是十分必要的。

首先，要熟练操作计算机。计算机与我们的日常生活已经密不可分，是完成日常工作的一个重要组成部分，不会操作计算机，将很难在现代社会中立足。

其次，要学会掌握资料。掌握资料，就能掌握社会的最新发展动态。资料的整理和积累是一门学问，资料本身是客观的，但是要掌握哪些资料、利用哪些资料和如何整理和编排资料，却体现了一个人对自己专业方向的把握。

最后，要学会调查研究。在现代社会中，无论是决策还是管理，无论是制订计划还是实施执行，都需要了解情况，了解情况就是要调查。

【优秀员工箴言】

不断学习是员工职场获胜的最佳保障，这是由越来越激烈的竞争所决定的。优秀的员工会不断学习，加强自我能力的修炼，从而确保在竞争激烈的职场环境中获得更好的生存和发展机遇。反之，那些满足于已取得的成绩，放弃自身能力修炼的员工，就会离"优秀"越来越远。

2. 通过学习不断提升自己的"使用价值"

美国职业专家指出，现代职业半衰期越来越短，所以高薪者若不学习，无须五年就会变成低薪。当十个人只有一个人拥有电脑操作证书时，他的优势是明显的，而当十个人中已有九人拥有电脑操作证书时，那么原来的优势就不存在了。未来社会只有两种人：一种是忙得要死的人；另一种是找不到工作的人。

詹宁斯是美国 ABC 晚间新闻的当红主播。在此之前，他曾毅然辞去人人羡慕的主播职位，到新闻一线去磨炼自己。他做过普通的记者，担任过美国电视网中东的特派员。经过这些历练后，他重新回到 ABC 主播的位置，此时的他已由一个初出茅庐的小伙子成长为成熟稳重的主播。

詹宁斯最让人佩服的地方在于，当他已经是同行中的优秀者时，他没有自满，而是选择了继续学习，通过学习提升自己的使用价值，让自己的事业再攀高峰。

无论在职业生涯的哪个阶段，学习的脚步不能停歇，要努力提高自己的使用价值。当你工作顺利的时候，要加倍地努力学习；当工作进展得不顺利，不能达到工作岗位的要求时，那就把学习的分量加重四倍。

懂得学习和善于学习是一种很好的品质，如果在职场中你还能保持学生时代时那种凡事都认真学习的态度，那么你肯定会成为一个优秀的公司员工的。所以，我们只有通过学习不断提升自己的"使用价值"，才是最佳的工作保障。

那么作为员工，如何在繁忙的工作当中不断学习新知识，提升自己的使用价值呢？具体说要做到以下几点：

1. 在不影响本职工作的前提下学习

本职工作是每个员工的最主要任务，只有先完成好它，才谈得上进一步的发展。忽视本职工作，一心只想着自己的事情，是不可能成为优秀员工的。

2. 熟悉多元的学习渠道

身处职场的我们，要想工作之余学习充实自己，可以时刻关注那些有助于提高自己的培训课程、研讨会或者开发项目。如果想向某一特殊的专业方向发展，就要去询问人力资源部门，看看是否有自己可以参加的内部培训项目，如果有的话，参加之后就要保证自己达到预期效果。

另外，人都是在他人的帮助之下才逐渐成长起来的，我们要重视别人的意见和建议，比如上司、老板等，在他们指导或提建议的时候我们要态度谦虚，认真思考后吸收有益的部分。

再次，各种形形色色的出版物也是学习的重要渠道。除了书刊以外，函授、参观、活动参与以及世界各地紧密连接而成的信息网络等，也是我们学习的好渠道。

3. 做到谦虚、务实

在公司中，每个人都有自己的优点，也许你的优点比其他同事多一点，但这绝不是你足以小看别人的资本。太高看自己，一方面会错误地估计自己，容易犯下不应该犯的错误；另一方面会得罪别人，给自己设置不必要的障碍。我们一定要明白“三人行，必有我师”的道理，即使不能“不耻下问”，也绝不要让人反感。

从现在开始，如果你发现自己需要学习什么，就立即行动吧！

【优秀员工箴言】

要想成为公司的优秀员工，就必须通过自己不断地学习，加速知识的储备，把自己培养成一个高附加值的人。所谓高附加值的人就是具备别人没有掌握的有价值的能力，从而使自己比别人更具有价值，更具优势。

3. 学习无处不在，老板和领导就是你学习的榜样

现实生活中，每个人都有自己的个性，都有自己崇拜的对象，但是大家都经常宁愿去崇拜那些历史上相当有影响力的伟人，而不愿意去崇拜身边的智者。就像在工作中，员工往往忽视向老板和领导去学习，其实，他们才是最值得去学习的人。

有一家汽车修理公司，员工大都是从农村来的青年人。经理为了提高他们的业务水平，嘱咐他们平时多向公司里的老技术工人请教，但这些青年人大都把这话当作了耳旁风，平常一下班就凑在一起喝酒聊天。

一天，厂里来了一个新员工，也是从农村来的，他叫熊兵，衣着朴素，看起来非常老实。在平常的工作中，他除了完成正常工作以外，还总是泡在几辆教练车里，东拆拆西动动，下班以后大家都出去玩了，他还在向公司里的几个老技术工请教学习。

“干什么啊？兄弟，难道你想自己开个修车厂啊？”大家都这么取笑他。

熊兵只是笑笑。时间过得很快，没有几个月，熊兵已经掌握了关于汽车维修的知识，能力大为提升，被老板升为主管，薪水是那些人的好几倍。

熊兵并没有满足，而是向老板学习汽车制造的其他知识，并用周末自费参加外语学习班，每个月还去总部参加技能培训。

又过了半年，熊兵成了总公司设计部门的主管。几年以后，熊兵下海经商成立了自己的修车公司，成为了一名受人尊敬、富甲一方的企业家。

熊兵其实是个很聪明的人，他懂得学习，知道珍惜每一个学习的机会，知道向老板和上司学习，最后终于迎来了一片新天地。而当初对他不屑一顾的那些人，还一直继续着单调而重复的生活。由此可见，珍惜职场现有资源，不断学习，对每个员工来说是多么重要。

老板之所以成为老板，必然有他的过人之处。所以学会了解和欣赏自己的老板，学会仔细观察他们的一言一行，从中参透一些作为管理者的知识和经验是非常重要的。那么，老板和领导身上有哪些是我们要学习的呢？

1. 像老板和领导一样主动积极

工作中我们会发现大多数老板和领导对待工作都是积极主动的。主动积极本身就是一种特殊的行为，更是一种美德。那些主动积极去做好本职工作的人，不管在哪一行都很吃香，他们的位置自然得到了巩固。由此可见，一个人要想成功，必须像老板和领导一样，付出艰辛的努力，必须在平凡的岗位上主动积极，才能实现由平凡到优秀的蜕变。

2. 像老板和领导一样热爱公司

像老板一样热爱自己的公司，热爱自己的岗位，你就会喜欢上你的工作。那么，我们应该如何像老板那样去热爱公司呢？首先要调整自己的心态，工作是自己的，热爱自己的工作，就相当于热爱自己，对工作质量精益求精；其次把自己视为公司的老板，像呵护自己的孩子那样去呵护公司。马上调整心态，让工作快乐起来，像老板一样热爱公司吧！

3. 像老板和领导一样思考问题

作为一个老板，他思考问题的最大特点就是：既会用显微镜看问题，又会用望远镜看问题，也就是说他拥有全局眼光和细节意识。学习老板这种思考问题的方式，是对我们个人的发展提出的一种更高要求。当我们像老板一样思考问题时，工作就会更勤奋，更有想象力，会使自己取得更大的进步。

刘少虎大学学的是经济管理专业，在学校一直很优秀，毕业后被五家公司看中，但他却放弃了其他四家公司，选择了在一家服装公司当董事长助理，他的同学和朋友们都非常不理解，觉得凭借刘少虎的优异成绩和能力，完全可以找到一份更好的工作。对此，刘少虎没有过多言语，他坚信自己的选择没有错。

去公司上班的第一天，刘少虎到了自己的工作岗位，看到前任助理还没有办完离职手续，刘少虎就过去帮忙，前任助理看到刘少虎后，对他说："你就是新来的助理吧？听说你学的是管理专业，而且成绩很优秀，怎么想到这儿当助理啊？还是重新找份工作吧！这里的工作简直就是在浪费时间！我来这儿干了一年了，每天就是收发文件、做会议记录，说白了就是打杂，根本没有晋升的机会。"刘少虎听完后，微微一笑没有说话。

对刘少虎而言，一个人要想让自己成长得更快，从董事长助理做起是最好的，因为你可以很好地向老板学习。比如收发文件的时候，可以发现董事长批公文的思路；做会议记录的时候，可以了解企业是如何经营的，决策又是怎么产生的；给别人倒茶水的时候，可以以最快的速度认识公司里的同事，并且迅速了解他们每天的工作是什么。

果然，在刘少虎接任董事长助理一职以后，处处学习老板身上的一切优点，遇到问题的时候总是首先想：如果我是老板我会怎么处理。在当助理的两年时间里，刘少虎的能力得到了很大的提升，由于事事都能从老板的角度出发来考虑问题，给董事长减轻了很大负担，两年后，董事长提升他为公司的经理。

4. 像老板和领导一样精通业务

一个老板必然对自己的业务是很精通的，优秀员工应该时刻研究他们的一言一行，像老板和领导一样精通业务，在自己的工作岗位上不断地学习和积累相关经验。只有这样，我们才有可能获得能力的提升和在事业上的不断成长。一个人不论从事什么样的岗位，都必须脚踏实地，尽自己最大的努力学习、钻研，精通自己的业务。像老板和领导一样精通业务，不论你手边有何工作，都要尽心尽力地去做，这样才有可能成长为优秀员工。

5. 像老板和领导一样善于交际

每个成功的老板和领导，大都具备优秀的交际能力，学习老板和领导的这种交际能力，可以使我们在人生路上更加游刃有余。学习老板和领导的交际能力，时时刻刻给人留下好印象；学习老板和领导的交际能力，把快乐带给别人；学习老板和领导的交际能力，知人而交，对于不是太了解和了解不多的人，应该有所戒备；学习老板和领导的交际能力，以诚待人，以诚取信，以自己的真诚换取别人的真情。

当你向老板和领导学习的时候，你已经具备了成为优秀员工的条件。向老板和领导学习，你才能快速进步；和老板站在同一阵线，你才能进步。

【优秀员工箴言】

在现在这个学习型社会里，资历与文凭早已失去它们的绝对性价值。我们要认识到，除了学校以外，还有各种各样的学习渠道，比如老板和领导。

4.

不断提升学习能力

学习没有时间的分隔、人员的界定和场所的限制，这已变成了终身的事情，人们必须随时随地地学习。学习能力的提高远比学习知识更重要，知识毕竟是在不断更新，人们所需要的是要有学习知识的能力而不仅仅是学习知识。

常常看到一些天分很高的人，一生却不会成功。究其原因，他们的天分很高，却从来不上进、不学习，到头来所看到的只是月底领的薪水。一个人越学习就越容易成功，你越能求知，你就越有知识。你能多储一份知识，就能离优秀更近一步。这种零星的努力，细小的进步，日积月累，可以使你日后大有收获，可以使你更为充实，更能应付工作。

员工的能力是公司发展的动力，员工有责任不断提高自己的业务能力，这是公司快速发展的重要保证。没有哪一种能力是万能的，可以适用于各种工作。一个刚刚毕业的喜欢学习的新员工往往比那些懒于学习的老员工更受老板欢迎，同样如果他在工作中不勤于学习，那么他也会被拥有最新知识的人取代。所以，要想在职场中站稳脚跟，必须不断提升自己的学习能力，并把它应用于工作中，这样你才能最终成长为优秀员工。

然而，职场不是学校，工作繁忙，时间有限，掌握必要的学习方法很有必要。下面为大家提供几种适用于职场的学习，供大家参考。

1. 在工作中学习

工作是任何职场员工的第一课堂。要想在当今竞争激烈的商业环境中胜出，就必须学习从工作中吸取经验，探寻智慧的启发，获取有助于提升效率的资讯。

通过在工作中不断地学习，你可以避免因无知滋生出的自满，进而提高自己的工作水平。不论是在职业生涯的哪个阶段，学习的脚步都不能停歇，要把工作视为学习的殿堂。

2. 争取培训机会

很多公司都有自己完备的员工培训体系，培训的投资一般由公司作为人力资源开发的成本开支，而且公司培训的内容与工作紧密相关，所以争取成为公司的培训对象是十分必要的。为此你要了解公司的培训计划，如周期、人员数量、时间长短等，还要了解公司对培训对象有什么条件要求，是注重资历还是注重潜力，是关注现在还是关注将来。如果你觉得自己完全符合条件，就应该主动向老板提出申请，表达渴望学习、积极进取的愿望。老板对于这样的员工是非常欢迎的，同时技能的增长也是你升迁的保障。

3. 注重自修，抢得机会

在公司不能满足自己的培训要求时，也不要闲下来，可以自掏腰包接受“再教育”。当然首先应选择与工作密切相关的科目，还可以考虑一些热门的科目或自己感兴趣的科目，这类培训更多意义上被当作一种“补品”，在以后的职场中会增加你的“份量”。

4. 多读书，读好书

读书是学习的一个有效途径。我们可以多去书店买一些有助于提高技能和知识的书，在休闲的时候坐下来品读。这个过程中，不仅我们个人可以从中受益，这一习惯还可以带动周围的同事，在整个团队里营造一种爱读书的氛围。

新知识、新技术层出不穷并加速出现，每一位员工必须不断在学习中成长，才能生存下去，要想成为一个优秀的员工，树立终生的学习观是必要的。商业时代好多拥有某种专门技术的人常常显得知识狭窄，这种仅在技术方面片面发展的趋势，是非常不合适的。在很多职业中介机构的名录里，登记着无数受过教育的失业者的名字，其中的大部分人都是因为自己没有进一步发展的能力被人超越，最后丢失了原有的工作。每个人既有的知识和技能很容易过时，因此要“不断自我更新”才能避免工作上的危机。

每个员工都要具备学习的能力，既要学习工作技能，更要在实践中提高自身素质。在公司这所学校里，你可以学到先进的管理经验、经营技巧、工作技能以及如何处理人际关系等，这些都是在课本里很难学到的东西，这些会成为你的一笔宝贵的财富。一个员工一定要有学习的能力和意识,在学习的过程中要有灵性和悟性。

【优秀员工箴言】

未来的竞争实质上就是学习的竞争。如果你能比别人学得更快更好,更有创新力,那么你就能在工作上更有竞争力。员工的学习能力是一家公司的竞争力之源。

5.经常给自己“充电”,学习的脚步不能稍有停歇

在如今这个信息时代,知识爆炸呈几何级数增长,科技发明眼花缭乱,生产和工作方式日新月异。处在这样一个时代里,愿意的人跟着走,不愿意的人被人推着走,推都推不走的人只有被时代彻底淘汰,扫进路边的垃圾堆。

两个人在树林里过夜。早上,一头大黑熊突然从树林里跑出来,两个人中的一人忙着穿球鞋,另一个人对他说:“你把球鞋穿上有什么用?我们反正跑不过熊啊!”忙着穿球鞋的人说:“我不需跑得过熊,我只要跑得过你就可以了。”

这则寓言被当成一个笑话流传至今,但谁也不去真正思考它带给我们的启示。这则寓言其实就是要告诉我们,如果不学习“充电”,你则会像那个毫无准备的人一样被熊吃掉。

知识,是人生的一笔宝贵财富,是每一个走向成功的人必备的资本,人生事业的价值,在于创造未来;也因为有了知识,过去与现在的成功才能得到真正的保证。你只有不断地充实和完善自己，把自己变为符合社会发展需要的人才，这样才能把握主动权，才能在激烈的就业竞争中立于不败之地。工作过程就是一个永无止境的学习过程，工作对于每一人来说就是带薪学习。这是新一代职场人应该树立的不断给自己充电的正确理念。

为了提高自己的技能，以便赢得老板的赏识和重用，下班后重返课堂，业余时间出入“充电”场所，这是许多城市青年的“第二职业”。

据有关部门的一项调查显示，在深圳市约有八成以上的人在业余时间选择了“再学习”。对于一个人来说，从终身的角度来说，“充电”也是一项不断完善自身，逐渐适应社会的个人工程。

那么，对于公司里一个普通员工来说，应该如何给自己“充电”呢？

1. 确定目标，找准方向，制订计划

一般来说，作为公司里的基层员工，这是事业的起步，同时也是“充电”的开端。这时“充电”越早越好。这就是说，在开始工作后，不要以为就万事大吉了，而应当把提高自己的文化和专业技能放在议事日程上。也许你现在的知识和技能能适应目前工作的要求，但必须要有超前的意识和为将来更大发展做准备的观念。目标明确，你的“充电”才有后劲。

在原有的基础上提升两步，这是“充电”要把握的一个原则。具体来说，有了高中文凭，你得去读大专或大学；有了大学文凭，你得去读研究生……同样，对从事技术工作或技术操作的人来说，也有一个不断提高技术档次的问题。

为自己制订一个“充电”计划，总比踏着西瓜滑到哪里算哪里要好。综合分析了自己的情况和单位所能创造的条件、工作所能允许的范围之后，实事求是地制订一个分步实施的计划，是保证“充电”不“断电”的要旨。

最后，要处理好适应目前工作的“充电”与为未来发展打基础的“充电”之间的关系。自然，在选择“充电”项目时，应当着手于适应眼前的工作，着眼于未来的发展，能将两者融合起来，互为补充，那就再好不过了。如果你是一位公司的文员，将来想从事人力资源方面的工作，那么你“充电”选择了“人力资源”方面的培训，这样就比较合理。

2. 确定“充电”的内容和方式

目前社会上提供“充电”的学校和培训多如牛毛，有教育部门办的业余大学，也有个人出资办的培训机构，还有自学考试辅导班等，内容应有尽有，课程都面向市场。这种多元的进修机构，为“充电”带来了方便，选择性也大大加强。

但对于个人而言，还得根据自身实际情况进行选择。大多数情况下，利用晚上和双休日进行“充电”是目前许多业余进修学校提供的主要方式。如果你的时间不允许，那么你可以选择自学考试。自学考试学习时间自由，灵活方便，学得扎实，但相对来说学习难度大，需要付出更多的心血。

电脑和外语，是现代职场的“通行证”。如果你到现在还没有这个“通行证”，就必须把这两门作为首要的“充电”内容。

3. 实现“充电”的多重效应

“充电”是一种长远的人生准备，是精力、时间和金钱的投资性付出。对普通员工来说，“充电”与赚钱从长远看并不冲突，但在具体进行中也许会有冲突。遇到这种冲突，要根据自身的情况，既不必采取放弃赚大钱的机会而去“充电”，也不能为了蝇头小利而迟迟不落实“充电”计划。因为，一旦“充电”成功，就像有了储蓄一样，有了“准备金”后的发展将会创造更多的机会。

那么，从现在开始按照上述方法给自己“充电”吧，人生不止，学习的脚步就不能停止。这是你成为优秀员工的必修之路，也是你成功的必经之路。

【优秀员工箴言】

在工作之余，经常给自己“充电”。“经常”是什么意思呢？就是要不断、不能停止地补充对以后工作有利的知识。

6. 一定要练就属于自己的一技之长

人们认为凡是成功者都是高学历和高文凭的人。其实不然,学历高,知识丰富,成功的机会就会多一些,但绝不只有这种情况才会成功。成功之门总是为不断学习的人敞开着,只要你肯学习,那么,谁都可以成功。学得属于自己的一技之长,多一门手艺,走到哪里都不怕。

一个有本事、懂技术的人,在任何时候、任何地方都能有饭吃。掌握一项技能无论是对于生存还是在公司中立足都是非常有帮助的。

艺多不压身,多一门技艺,就是多给自己开了一扇方便之门。很多时候,一技之长就是求生本钱,掌握一项不是每个人都会的技能,是给自己寻找更多的机会。读书成绩不好并不是最重要的,可以选择一门手艺钻研下去,让它成为属于你的一技之长。

> 很久很久以前,有一只老虎什么都不会,为了学习一些技能,它拜猫为老师。猫非常认真地教老虎各项技能:跑步、游泳、捕食……渐渐地,老虎什么都学会了。于是它就对猫说:“我现在什么都学会了,只是肚子有些饿了,所以我决定要吃你。”
>
> 猫听老虎这样一说,赶紧逃命,老虎在后面追。眼看就要追上了,终于,猫看到一棵大树,飞快地爬上了树顶。老虎在后面发愣了:“这树怎么爬?猫还没有教我呢?”猫在树顶上喘着气看着树下的老虎,在心里暗自庆幸:“还好自己留有一手绝活儿,要不然肯定被老虎吃了。”

这则寓言故事告诉我们,要想保全自己的生命,不至于被别人吃掉,就必须给自己保留一招别人没有的绝活。对待工作也是一样,要想在竞争如此激烈的职场生存,不被别人打倒,就要学会一门属于自己的一技之长。

美国就是一个非常注重一技之长的国家，在美国拿绿卡通常有两种人：一种是来美国投资的人；一种就是有技术专长的人。当然，并不仅仅在美国，在世界上任何一个地方，拥有一技之长的人，都是受欢迎的人。

俗话说："三百六十行，行行出状元。"每一个行业、每一份工作都有其要求的技长，会木工、瓦工、钳工固然是一技之长，汽车驾驶、计算机操作、家电维修是一技之长，其实家庭服务、商品推销、摆摊售货等看似简单的工作，同样蕴含着很多技能。那么，如何才能学得一技之长呢？以下几种途径可以供你参考：

1. 学习传统工艺

我国地大物博，有许多具有地方特色的民间工艺可供学习，如果你能够刻苦钻研，发扬光大，就可以在众多的职场行走的人中别具一格，脱颖而出。学习这些技术的方式，有些要靠师父带徒弟的方式，如传统的木工，有些则是从父辈那里耳濡目染学到的。作为一名现代职场员工，要善于发现和利用传统工艺和传统产品的价值，这不仅可以使自己掌握一技之长有助于就业，也将使传统文化在新的形势下得到发展。

2. 向有经验、有技术的人学习，拜他们为师，尤其是比较成功的人

这些人知道在职场中会遇到什么问题，什么样的技术在这个行业中是最需要的，也因为他们已经在职场中工作了很多年，也积累了一些技术，所以向他们学习就是最有效率的学习。

3. 参加职业培训

学习教育是现代社会获得一技之长的最重要的途径，你可以针对自己的情况学习计算机、英语、修理、美容、服装以及销售等技术。

在现代的经济社会里，竞争非常激烈，没有学得一技之长，恐怕只有下岗待业的份儿。"家有万贯，不如薄技在身。"这句话倒并非是说你身上那点本事有多么的优秀，而是说财是死的，技是活的，守死财不如守活技，因为这样才能更长久。身在职场也是同样的道理，大家都是一样的人，几乎同样的内在条件，如果你能有属于自己的一技之长，自然会在人群中脱颖而出，离优秀员工也就不远了。

【优秀员工箴言】

找一个领域，钻研透了，就如同在一个地方不断向下挖，一定能挖到水源。

7. 和工作一起成长，你就能成长为优秀员工

实践和工作一起成长，就是要解决一个人要去哪里，怎么去的问题，就是说一个人要做好自己的职业规划，并在工作中遵循自己的规划，使自己的工作能力、职业竞争力随着工作经验的积累而不断提高。

要实现和工作一起成长，我们首先应该做到的是把从事的每份工作都看作是一个学习的机会。从本质上看，你今天所做的每份工作几乎都在不停地变化着，因此，你不得不把现在正在从事的工作看成是自己学习锻炼的一次经历。不管这份工作是否为你的梦想工作，都必须学习新的任务和工作流程。除此之外，要实现与工作一起成长，还需要做到以下几点：

1. 做好个人规划

要实现个人与工作的成长，你需要做好个人职业规划，明确定位自己的职业角色，以市场需求为导向，对职业发展进行合理定位。在职业定位时，要考虑自己未来的计划、专业和兴趣爱好。根据社会需求和自身能力，并结合意愿为自己的将来做一个设计。

2. 多技傍身

现在这个复合的社会，需要复合型人才。因为，我们应该通过学习使自己成为一个复合型人才，这不仅需要一定的专业深度，同时还需要各种技能。从个人的角度来讲，我们不能单纯沉湎于过去狭隘的专业领域，要广泛学习，继续接受教育，巩固自己的基础，增强适应性。

当然，在提高自己的同时，要注意认清实际情况，要了解自己的优缺点，知道自己与众不同的地方在哪里，建立起自己的专业能力。不要害怕自己不是"通才"，像计算机那样会设计、会装配、又会行销的天才毕竟是少数。从另一个角度来说，认清自己不是天才是一件好事，因为接下来你就可以认真学习自己的第一专长和第二专长。

3. 主动完成工作目标

一个人应该多考虑自己的工作计划和工作目标，不要只是一味地等待上司的任务和命令。这个被动的任务驱动的思想如果在头脑中根深蒂固，就会使我们懒得学习。主动完成工作目标，并且确立未来一段时间自己需要达成的工作项目，将工作项目分解到日常行为中，密切与公司之间的联系。

4. 向明天学习

我们一生中只有三天时间：昨天、今天和明天。如果过去你习惯于根据今天的情况决定明天干什么，现在你必须首先判断明天将要发生的变化，并由此决定今天干什么。从这个角度来讲，你必须学会质疑自己长久以来的假设，学会在不确定的情况下了解自己，学会更好地协调工作和学习。工作会在向明天的学习中变得充满未知的乐趣。

【优秀员工箴言】

一个员工如果一直在一个职位上原地踏步，那么，要不了多久他的职业竞争力也就在惰性中流失了。与工作一起成长就是指一个人要为自己选择一条合适的自我发展之路，使个人的技能随着工作阅历的增加而不断提升。

8.

活到老，学到老

常常看见那些天分颇高的青年，一生只做些平凡的事。他们的天分虽高，却没有受过充分的训练和培植，他们从来没有意识到自己的进步。他们熙来攘往，所看到的只是月底领的薪水，以及领到薪水以后的几天中的快乐时间，结果他的一生总是微不足道。

人们只能利用其一小部分的天赋来从事事业，而不能由教育与训练，全部的天赋才能皆习应用，所以他们在事业上一定会受到很大的亏累。本来足以领导别人的人，因为没有受过相应的教育与训练就不得不降为被人领导了。

教育即是力量。你可以利用十分钟时间读一些书籍，在自修上下一分功夫，就足以助你在事业上得一分上进。许多志在成功者的早期，年薪很低，工作也很辛苦，但他们利用其闲暇的时间，自修自习以求上进，比之他们在日间的工作更为努力。

在他们看来，薪水并不是大事，而追求知识、要求进步则是真正的大事。一个人愈能储蓄则愈易致富，愈能求知，则愈有知识。你能多储一分知识，就足以多丰富你的一分生命。这种零星的努力，细小的进步，日积月累，可以使你于日后大有收益，可以使你更为充实、更丰满，可以使你更能应付人生。

孜孜以求的进步精神，是一个人“优越”的标记与“胜利”的征兆。只要能够知道，一个青年怎样度过他的工休时间，怎样消磨他的浪漫的秋日黄昏，那么就可预言出那个青年的前程怎样。

有的人或许以为利用闲暇的时间来读书总得不到多大的成绩，其成绩总不能与学校教育相等，因而不想在闲暇的时间读书，这无异于一个人因为自己进款不多，以为即使尽量储蓄，也不能致巨富，所以一有金钱，尽数挥霍，不屑储蓄！但是你不是看见有许多人，就是因为利用了零星的闲暇时间求得了与学校教育相等的教育效果吗？

教育的实质之高,对于我们人生历程的重要性,无过于今日。生活竞争日趋激烈,生活情形日益复杂,所以你必须具有充分的学识储备,受充分的教育训练以作为甲胄。

我们大多数人的问题就是,一心希望在顷刻之间成就大事,其实事情是要渐渐成就的。我们应该不断地努力读书自修,不断地充实我们的知识宝库,渐渐地推广我们知识的地平线。

将一段一节的闲暇时间,换来种种宝贵的知识——知识可以给予我们能力,使我们得以上进——这种机会难道你能不知轻重地把它抛弃吗?

一个没有书籍、杂志、报纸的家庭,等于一所没有窗户的房屋。小孩子常常接触书本,则自会培养出读书的兴趣,自会于不知不觉之中摄取其中的许多知识。时至今日,几乎每个家庭都不可能没有书籍。家庭的藏书在古代是一种奢侈,在现代却已是一种生活的需要。学生在学校时最应该培养的一种能力就是熟悉各门学科的相关书籍。在图书馆中,要从汗牛充栋的藏书中,挑出几部最有价值的书本以供阅鉴。这种能力,对于他的一生,真是大有裨益。这仿佛是一个人在选择适当的工具以从事知识开拓,以利于今后为社会服务。

无论一个人平时怎样忙碌,但总有很多的光阴是虚度或浪费掉的,如果这些虚度的光阴能善加利用,则一定能生出大益处来的。

许多主妇从早到晚忙忙碌碌,在她们自己看来,她们是绝无读书阅报的时间了,然而假使她们对家庭事务的处理能彻底的系统化,则一定能得到不少的空闲时间。“秩序”“系统”最能节省时间。所以我们做事,必须力求秩序化、系统化,以求在我们的日常生活之中节省出一部分时间来,用之于“自我改进”与生命扩充的必需——读书。

原哈佛大学校长艾略特曾说:“养成每天读十分钟书的习惯。这样每天十分钟,20年之后,他的知识水平一定前后判若两人。只要他所读的都是好的东西。”所谓“好的东西”,即是为大家所公认的世界名著,例如小说、诗歌、历史传记等。

【优秀员工箴言】

大多数人都肯在自己喜欢的事上留出相当的时间来。假使你真有求知之饥渴、自修之热望,总会挤出时间来的。“苦无志耳,何患无时?”

第三章

严守纪律,优秀员工的第一行为准则

一名优秀的员工,必定是守纪律的员工。可以说,纪律是员工生存与发展的基础。对员工而言,没有纪律,就没有了一切。

1.

无视纪律，你就永远成为不了优秀员工

纪律是一个非常严肃的问题，它与我们每个人的学习、生活、工作都有密切的联系。实际上，我们中国的教育制度让我们在学生时代就已经深刻体会到纪律的重要性。但是进入现实工作中，依旧有不少人忽视纪律，导致工作无法完成，给公司、单位造成巨大的损失。

可以说，对许多员工来说，都应该重新上一堂纪律课！何谓纪律？《辞海》中的诠释："法律，指要求人们遵守已确立了的秩序、执行命令和力行自己职责的一种行为规则。"

纪律对一个单位或一个组织，甚至于对一个国家或一个社会来说，都是非常重要的。一所学校如果有严格的纪律做保证，那么就会产生良好的校风，为师生创造出良好的教学环境。一个企业只有纪律严明，管理严格，才能保证生产的正常进行，纪律是企业经营和发展的基本前提。员工在公司中，要有强烈的纪律意识，只有保持良好的纪律意识，该干什么就干什么，工作和事业才能成功发展。就如同火车，只有沿着轨道，才能高速前行。因此，只有每个员工都把纪律这个"轨道"烙在脑中，才能顺利开创工作的新局面。

一个优秀的公司，必定有一支有纪律的团队，富有战斗力、进取心和团结协作精神。在这种团队中必定有纪律观念很强的员工，他们一定是积极主动，忠诚敬业的员工。可以说，纪律永远是忠诚、敬业、创造力和团队精神的基础。对企业而言，没有纪律，便没有了一切，就像是一列火车脱离了轨道。

正如伟大的巴顿将军所说："我们不可能等到 2018 年再开始训练纪

律性，因为德国人早就这样做了。你必须做个聪明人，动作迅速、热情高涨、自觉遵守纪律，这样才不至于在战争到来的前几天为生死而忧心忡忡。你不该在思考后去行动，而是应该尽可能地先行动，再思考——在战争后思考。只有纪律才能使你所有的努力和所有的爱国之心不致白费。没有纪律就没有英雄，你会毫无意义地死去。有了纪律，你们才真正的不可抵挡。”

有些人会对纪律熟记于心，有些人却无视纪律的存在；有些人为在纪律的约束中成长而喜悦，有些人却为纪律的管束而怨天尤人，愤愤不平。同为公司的员工，会因为对纪律的不同体会，而得到不同的结果。在那么多的条条框框中，扪心自问，你做到了几点？准时上班，准时下班，这或许容易做到，而在为人处世和待人接物方面却难以做到完美了。当你看到琳琅满目的商品时，你有没有心生贪念，让物欲践踏了你的身体？当你看着一大批新老顾客涌进超市购物时，你会不会用你的微笑不厌其烦地为他们服务？当你在收银时，你有没有善用礼貌用语，维护企业的形象？当你站在卖场中，你有没有喋喋不休、说三道四，影响了企业的团结性？当你进卖场时，你给超市带来的是友好、和平，还是你的个人英雄主义？对这些，有些人虽然不以为然，但却不能忽视它的影响。纪律是铁，看你能不能承受。一个真正能遵守纪律的人是有福的，因为他显示了他的坚韧之心和仁者美德。而对纪律嗤之以鼻的人，却更加彰显出他的浅薄和愚蠢，深受纪律之约而超脱的人，他们的步伐是踏实的，是有成就感的。

对一个员工来说，没有什么东西比敬业、热情和协作等精神更重要。但是要知道，人生来是不会具有这些精神的，没有一个员工是天生不找任何借口的好员工。所以，对员工进行纪律培训显然十分重要，就像员工每天被要求保持整洁的着装和仪表一样，最后是要让所有的人都明白：优秀员工只有一种，那就是遵守纪律的员工。

【优秀员工箴言】

纪律是对员工行为的一种约束，是确保做事正确、行动有效和执行到位的有力武器。执行纪律时，绝不能因人而异，也容不得半点仁慈和怜悯，否则，纪律只是个摆设。

2.

优秀的员工是“制度”炼成的

一个国家如果没有法律作为后盾,公司的权利义务就无法得到满足,社会就得不到良好的发展;一个公司如果没有制度纪律、规则条令,也同样会陷入混乱,最终影响员工的利益和公司的整体运行。所以,公司制度对于员工来说既是一种约束,也是一种指导。当然,这种约束能否发挥积极作用,还要取决于员工对于这种约束的接受和遵守程度。如果能够完全接受并且严格遵守,那么你离优秀员工已经不远了。

公司制度是一个抽象的内容,员工要想认真对待公司的制度,就必须先弄清楚制度的含义及其意义。

公司制度通常可以定义为要求大家共同遵守的办事规程或行为准则,不同的公司一般会根据实际情况制定出最符合本公司的制度。尽管如此,但制度的存在意义都是相同的。

一所大学图书馆里安装了空调,每当夏天酷暑难当,这里自然就是众人最理想的读书场所,特别是在期末的前几个星期,图书馆的人流就更多了,问题也就随之而来。许多人去占了位置后并不是马上就座,而是先用书本等占位,待上课后再回来,因此,图书馆总是出现这样一种情况:每个位置都放满了东西,但是屋里的人数却只有2/3。

为了杜绝这种现象,图书馆特别制定了相关的制度条令:以后凡是空位置持续空缺时间超过15分钟,就视为没有人坐,后来的人有权利把位置上的东西挪走。这一制度条令出台以后,占座的情况大大减少了,大家都按照要求去执行,使得图书馆的气氛也重新变得融洽和谐。

公司制度和图书馆制度存在的意义实际上是一样的,目的是为了维持公司的正常秩序，保障公司的稳定发展，并且明确公司内部员工的分工与合作，明确员工的权责关系，从而使职员更清楚，更好地实施奖惩制度。

作为公司的员工，只有在遵循制度纪律和条令规则的前提下，才能有序安稳地工作。反过来，公司的制度也只有在员工遵守的情况下，才能发挥出它的作用。两者是互相制约、互相促进的关系。

一位建筑公司的员工，被调到安装部门担任主管一职。工作没几天就到了公司的周年庆，在晚会上，大家纷纷表演自己最拿手的节目，气氛十分热烈，这位主管在放松时不知不觉点上了一支烟，悠然自得地抽起来。这个时候，一名保安走上前，对他说："对不起，公司有制度规定这里不能抽烟。"这位主管并没有当一回事，保安走后又点上了一根。保安见状，又上前去说："这里不准吸烟，我已经提醒过您一次，您不听，我必须向上反映。"

这位主管听后，认为违反制度抽烟不过就是罚款，没什么大不了的。可是让他没想到的是，第二天他接到的竟然是被辞退的通知。主管非常委屈，上司严肃地告诉他："公司有制度，严格规定公司内不能抽烟，因为一个小小的烟头可能会带来一场火灾，给公司造成巨大的灾难，这么简单的制度你都不能遵守，怎么能做好工作呢？"

这位主管身为管理人员，却没有遵守公司的制度。如果每一个员工都对公司的制度抱有侥幸心理或视而不见，这些制度就等于形同虚设，公司就极容易陷入混乱中。全面了解并深刻理解公司的制度，是每个员工必须做的。

哈佛的理念是：让校规看守哈佛，比用其他东西看守哈佛更安全有效。同理，优秀员工是制度炼成的。作为一名员工，面对规章制度时的首要任务就是要遵守服从，不能抱有侥幸心理，只有这样你才能成长为优秀员工。

【优秀员工箴言】

遵守公司的规章制度，意味着公司的理念得到执行，发展目标得到一步步确认，公司的发展前景也不再模糊。同时，规章制度还有助于员工深刻理解公司的发展观念和文化内涵等重要的信息内容，并能充分利用这些信息为个人发展提供一个明确的方向，帮助自己成长为优秀员工。

3. 培养自己的自律能力

不管在哪工作，优秀员工一定都是自律、自控、遵守规则和懂得克制的员工。他们懂得怎样全心全意地工作，不把自我的情绪、欲望等带到工作中去。

只有严于律已的人，才是能够遵守一切纪律的人，也才是现代企业所寻求的那种视服从纪律为生命，拒绝一切借口坚决执行的优秀员工。

其实事业上的成功，在很大程度上依赖于对自我情绪的控制和严格的自律。一个人如果不能驾驭自己的情绪，总带着情绪去工作，就不可能经营好自己的事业。因为带着情绪工作会使你反应迟钝，判断力下降，很容易引起工作上的失误，甚至导致事故的发生；带着情绪工作会影响你对他人的态度、服务质量和人际的和谐，因为你的语言和平时大不相同。

周红是一家商店的售货员，头一天盘点她发现丢了一件衣服，被小组长批评了一顿，心里很恼火。第二天上班后，她仍然余气未消，这时有位女顾客走到她面前，要求看一件衣服。周红装作没听见，毫不理睬。顾客又接连问了好几遍，周红越发不耐烦了，大声嚷道："喊什么喊，不就是看衣服吗？"顾客听后非常生气，直接反映到商店老板那里，结果，周红不仅受到老板的严厉

批评，还被扣除了当月工资。

所以，无论你遇到什么不如意的事，都不要把情绪带到工作中去，要懂得调整心态。

自律是一种优良品质，一个人要想担负起责任，没有这种品质是不行的。同样，要想成为优秀员工，没有这种品质也是不行的。

杰克·韦尔奇认为，一名优秀的员工应该具备出色的自律能力。一个连自己都管理不了的人，是无法胜任任何职位的。当然，他也不会成为一名优秀员工。

那么如何提高自己的自律能力，成为一名优秀员工呢？你可以遵循以下几个步骤。

1. 正确思考

如果不开动脑筋，就不可能把事情做好。英国剧作家乔治·萧伯纳说："在一年之中有两到三次用心去认真思考问题的人不多。我之所以在世界上有点名声，就是因为我每周都认真思考一到两次。"如果你始终使大脑保持活跃，经常考虑富有挑战性的问题，不断思索需要认真对待的事情，你就能培养起有规律的思维习惯，这对于控制你的个人行为将会很有帮助。

2. 合理控制情绪

强者和弱者的唯一区别在于，强者用行为控制情绪，而弱者只会任由情绪主宰自己的行为。衡量一个人自制力强弱的关键，就在于他是否能够有效地控制自己的情绪。

3. 行为规律化

本杰明·富兰克林在《我的自传》中，将自制称为自己获取成功的三种美德之一。他认为自己之所以能够取得如此骄人的成就主要获益于"做事有定时，置物有定位"的良好习惯。我们应当像富兰克林那样，学会控制自己的行为。

4. 强化工作习惯

自制力意味着在合适的时间，为适当的理由去做需要做的事情。总结一下首要任务和行动，看看你的方向是否正确，每天做些必须做但又让自己不那么愉快的事，以培养自制力。

5. 挑战自我

为坚定你的信念与决心,选择一项超出你想象的任务,全身心投入其中并完成它。为此,你必须思维敏捷,工作有规律。坚持下去,你会发现自己能够做到远远超出自己原先预想的事情。

【优秀员工箴言】

一个优秀的团队必定是一支有纪律的团队。一名优秀的员工必定是一个遵守纪律、自律能力强的员工。因此,要想成为优秀的员工,你就要培养自己的自律能力,在公司制度和纪律面前,自觉约束自己的行为,一切按照要求办事。

4. 严格遵守公司规则和岗位纪律

古语说:“没有规矩,不成方圆。”对于企业的员工来说,不遵守纪律,永远不能成为优秀员工 。

公司的纪律就是我们在公司的行为准则,要一是一、二是二地严格遵守,不然,纪律又有什么意义?但是有些员工总认为违反一两次纪律无所谓,没有什么可大惊小怪的。殊不知小事可以坏大节,害了自己也损害公司的利益。

比如,用公司电话、电脑办私事,拿公司的复印纸、文具私用等,这种行为其实在职场中并不少见。也许很多人会说,这有什么,区区小事,何必计较?公私不分,贪图小利,久而久之,必会影响你的职场形象,引起上司的反感,发展的机会也许就因此擦肩而过了。所以,我们应该时刻提醒自己,在工作中,要做到公私分明,切勿因小失大,自毁前程。

小玲毕业后，到了一个电子工厂做前台。由于日常工作不是很忙，工作一段时间以后，她渐渐觉得无聊，不知如何打发闲暇时间。有一次，她接到了一个同学的来电，相谈甚欢。这一次的电话交谈让小玲茅塞顿开：自己天天守着电话，怎么以前就没想到这个打发无聊时间的办法呢？自此以后，工作之余，“煲电话粥”成了她的一大乐事，每天不用公司的电话给同学或朋友打两个电话，就好像有什么大事没做似的。时间久了，同事们渐渐开始私底下议论纷纷。小玲的行为终于在老板两次打电话打不进去的情况下“东窗事发”，老板痛批了她以公谋私的行为并炒了她鱿鱼。

如果小玲一如既往，相信她的前程不会太乐观，因为任何企业都不可能喜欢以公谋私，不遵守岗位纪律的人。

规则是人们在日常生活、工作和学习中必须遵守的行为规范和准则。规则是保证生活、工作和学习正常运行的基础，也是个体与群体、社会和谐相处，进而实现自我价值的前提。规则是我们要严格遵守的，不遵守规则的员工是不可能成为优秀员工的。所以，优秀员工必须牢固树立规则胜于一切的意识，自觉维护和遵守各项规则。

在第二次世界大战中，盟军进攻德军在巴黎的一座司令部大楼。枪林弹雨中，整座大楼千疮百孔，但是大楼前的草坪却完好无损。为什么？因为草坪前竖有一块牌子：“请勿践踏草坪。”士兵们是绕过草坪冲进大楼的。

在生死关头仍然不忘记遵守规则，这就是规则意识，这就是长期遵守规则养成的好习惯。在工作中也是一样，作为员工，我们应该自觉地养成遵守规则的好习惯。当规则意识变为习惯时，在工作中你就会变成一位严谨、负责和有原则的人，最终成为一名优秀员工。

企业的规则具有强制性，是每一个员工都必须遵守的。不管你愿意不愿意，遵守规则都是必不可少的要求。但不可否认的是，现在企业中员工忽视甚至违背规则的现象并不少见。在这样的企业氛围里，遵守规则的员工就会有更多的成功机会。

对于员工来说，当你把遵守规则变为自己工作行为的指导准则，养成遵守公司规则和岗位纪律时,你就会自觉地对工作生成高度的责任感,优秀就会触手可及,成功就会离你越来越近。

【优秀员工箴言】

纪律是公司高效运营的根基和保障,严格遵守公司规则和岗位纪律是成为优秀员工的第一行为准则。只有树立强烈的纪律意识,才能维护公司的利益,成就自身的优秀。

5. 没有规矩,不成方圆

"没有规矩,不成方圆"是人们比较熟悉的一句贤文,出自《孟子·离娄上》。原意是说:如果没有规和矩,就无法制作出方形和圆形的物品,后来引申为行为举止的标准和规则。这句贤文旨在教育人们,做人要遵纪守法。把它用到工作上,也是一样的道理:员工要严于律已,遵守公司的纪律和规章制度。

员工在公司中,要有强烈的纪律意识,只有保持良好的纪律意识,该干什么就干什么,工作和事业才能成功发展。就如同火车,只有沿着轨道,才能高速前行。因此,每个员工都应把纪律这个"轨道"烙在脑中,才能顺利开创工作的新局面。

联想集团建立了每周一次的办公例会制度,有一段时间,一些参会的领导由于多种原因经常迟到,大多数人因为等一两个人而浪费了宝贵的时间。柳传志决定,补充一条会议纪律,迟到者要在门口罚站5分钟,以示警告。纪律颁布后,迟到现象大有好转,被罚站的人很少。有一次,柳传志因特殊情况迟到了,柳传志走进会场后，大家都等着柳传志将如何解释和面对。柳传志先是一个劲儿地道歉并解释原因，同时自觉地在大门口罚站5分钟。

于是，这一消息不胫而走，整个联想集团都为柳传志的5分钟罚站而喝彩，其效果也不言而喻。

那么，在公司中我们应该如何严守纪律？

(1)遵守公司的制度

在办公室里，往往会有一些规章制度挂在墙上，或印成小册子。作为一名职员，应该时时事事遵守这些规章制度。公司制度是企业的秩序和规范，是确保企业有效健康运行的法则，如果法则遭到破坏，就会扰乱公司的正常秩序，企业的健康发展就会受到影响。员工严格遵守公司制度，有利于公司正常运行。

任何企业的各项规章制度都不能成为摆设，公司常以有效的手段保证其得以贯彻落实，一旦发现有人违规犯戒，就会给予惩处，绝不姑息迁就。负责任是一种生活态度，不负责任也是一种生活态度，作为企业的一名员工，有责任遵守公司的一切规定。当你违背了公司的规定但却没有足够的理由时，形式上的惩罚并不能掩盖你对自身责任的漠视。

(2)办事准时守时

在职场中，公司的规章制度，首先体现在要求员工遵守工作时间上。你如果不能严格遵守上下班的时间，必然会造成上司对你责任心不强的评价，特别是由于你的时间观念不强而影响到他人的工作时，那将是不可原谅的。

无论你的公司如何宽松，也别过分放纵自己。可能没有人会因为你早下班15分钟而斥责你，但是，大模大样地离开只会令人觉得你对这份工作没有足够的热情，令那些需超时工作的同事觉得你很多余。习惯性迟到，却丝毫不以为然，不管上班或开会，老是让同事苦等你一人。也许你认为迟到一会儿，没什么可大惊小怪。但经常性的迟到，不仅是上司，可能连同事都会怪罪你的。

办事准时守时是获得别人信任的手段，做生意、签协议最讲究时效，所以，你千万不要觉得上班或办事迟到几分钟无所谓。守时也是一个人最基本的责任。要知道,一个人不守时就相当于在浪费别人的生命,我们有能力承担这样的一个后果吗?在我们的生活中,总会遇到一些不守时的人,他们对此不以为然,这也是他们的生活态度。

(3)遵守行为规范

当了解了公司的纪律之后,作为职员,我们不能忽略它的存在。并且除了规章之外,工作中的很多地方都必须注意,特别是我们的行为规范,有的会和纪律相冲突,有的也许不会,却会影响自己的形象,影响工作,这些行为规范也必须遵守。

作为公司的职员,需要遵守的规范有很多,以上只是其中的一部分,每家公司或企业也可能会有不同的情况,但了解并遵守规范是每一位员工都必须要做的。

【优秀员工箴言】

一个公司,如果纪律贯彻不力,下级就会斗志松懈,纪律松弛,反之,如纪律严明、赏罚有度,企业的凝聚力和战斗力就会油然而生;一个团结协作、富有战斗力和进取心的团队,必定是一个有纪律的团队。同样,一个积极主动并忠诚敬业的员工,也必定是一个具有强烈纪律观念的员工。

6. 认同公司文化,也是守纪律的一部分

公司文化是指一个企业认可并推行的一系列价值观、行为方式与处理原则。一名员工要想在这个公司里有所发展,就必须了解这些公司的文化,取公司之长,补自己所短。

任何一家成功的公司都有自己独特的文化,都有着非常明确的原则以及坚定的信念。这些原则和信念似乎很简单,很平常,但正是这些简单平常的原则和信念成为了推动员工发展的强大力量。

老托马斯在当初创办IBM公司时就设立了“行为规范”。正如每一位有野心的企业家一样,他希望他的公司财源滚滚,同时也希望能借此反映出他个人的价值观。因此,他把这些价值观写出来,作为公司的基石,凡是为他工作的人,都必须明白公司要求的是什么:“必须尊重个人”“必须尽可能给予顾客最好的服务”。这些准则一直牢记在公司每位员工的心中,任何一个行动及决策都直接受到这些准则的影响。“沃森哲学”对公司的成功所贡献的力量,比技术革新、市场销售技巧以及庞大的财力所贡献的更大。

作为一名员工,如果与公司文化格格不入,就将被这家公司淘汰。不同的公司有着迥异的公司文化,尤其对于大型稳定的公司来说,它们公司文化是多年以来的经验积累形成的。若你与它格格不入,是很难被接受的。比如在上班时精神不集中,可能这在以前的公司并不算什么,但在新的公司,却足以让你失业。因此,在初到一个新公司时,一定要事先了解它的企业文化,知道哪些事情是绝对禁止的,哪些事情是需要学习习惯的。比如一些大的公司虽然待遇优厚,但可能制度要求极严:每天必须着正装上班,准时打卡记考勤。如果你真心希望得到这份工作,就必须遵守这些规定。你选择了这份工作,就必须要接受其背后的公司文化。

作为一名员工你必须了解该公司的公司文化,从而使自己更加熟悉这个公司,严守公司纪律。要想融入公司的文化,了解公司的一切是必要做,一个优秀的员工应该在以下几个方面对自己的公司了如指掌。

(1)公司的成长历程及其声望

每家公司都有其目标和价值观,如果真正了解到这些,可以在很大程度上增进员工的忠诚度和工作热情。因为这会让你觉得自己是公司的一分子,是公司的主人,从而满怀激情、自动自发地投入工作。

有关公司的各种信息资料最主要的有:公司的规章制度、公司的日常行为规范,公司的经营理念、公司的财务情况、生产情况、在同行业中的评价与声望、产品市场占有率等。

(2)公司主要管理层人员的姓名

员工进入公司时应了解一下公司的人事结构,特别是公司主要领导及其姓名。因为公司的主要领导决定着公司的经营目标、经营方针,他们的变动往往会影响公司的各项政策。因此,员工必须要对公司的管理层人事做个基本的了解,做到心中有数。当然了解公司其他成员也是非常重要的,因为这样可以便于沟通,有助于构建互助、团结和学习型的团队,有利于提升公司文化的深层理念,提高整个公司的核心竞争力。

(3)公司的运行模式与程序

要真正了解公司的文化,除了要了解公司的形成过程、历史变革以及它的声望之外,也必须熟知本公司现在执行的经营模式与其他必要的程序。了解公司未来的长远目标,明确公司的工作流程,可以增进自己对公司的认可度和认同感。

(4)公司的未来发展目标

了解公司的未来发展目标,熟悉公司的战略方向以及未来发展的蓝图,可以帮助员工更好地了解公司的企业文化,从而更好地理解公司的未来,以及明确自己远大的职场目标如何才能与公司的发展方向有机地结合在一起。

一般来说,企业文化是不会当作规章制度来挂在墙上的,而是作为一个无形的潜规则存在的,这需要靠自己去观察总结。

了解公司的文化后,就要注意使自己的行为更适合企业的文化。如果发现公司员工经常加班加点,你就不能迟到早退;如果别人都穿西服,你就不能穿牛仔裤;如果别人上班的时候保持安静,你就不能谈笑风生……

【优秀员工箴言】

只有真正认同公司文化,才能知道如何遵守公司的纪律。

第四章

工作负责，优秀员工成长的第一秘诀

无论你从事什么样的职业，都应该尽职尽责地把本职工作做好。因为工作就意味着责任，既然选择了这份工作就要承担这份责任。

1. 工作就意味着责任，不负责的人永远优秀不了

蜜蜂的天职是采花酿蜜；猫的天职是抓捕老鼠；蜘蛛的天职是织网捕虫，而狗的天职就是忠诚地服务于主人。造物主似乎对每个物种都有了职责的安排。人作为万物的灵长和天地的精英，同样具有其与生俱来的职责。人来到世上，并不是为了享受，而是为了完成自己的使命。

承担和履行责任是天赋的职责和使命！

如今，在越来越多的公司中，员工是否具有崇高的责任感已成为选人、用人以及留人的重要标准。责任也演变成了最核心的价值观和卓越理念。

有一种人，头脑聪明，也很有能力，却成不了优秀员工；还有一种人，虽无过人之处，但做事目标明确、尽心尽力并敢作敢当，却是优秀员工。“不患无策，只怕无心”，一个人的学识、能力固然重要，但若缺乏责任意识，心思和精力不是用在工作上，是不可能把工作干好的，也不可能成为优秀员工的。

正所谓：“责任有多大，事业才有多大。”无论在哪个岗位上，都要牢记自己的责任。工作就意味着责任，不负责的人永远不可能优秀。

某中专学校毕业生小周经过苦苦寻觅，终于找到了一份工厂作业员的工作。但令人遗憾的是，小周并没有珍惜这份来之不易的工作。看看，早晨的闹铃响了好几遍了，他还没有起床的意思，并且，脑子里第一个感觉就是：痛苦的一天又开始了。他匆匆忙忙地赶往工厂，早餐也顾不上吃，跨入车间大门，还是神情恍惚，坐在流水线上，迷迷糊糊地听着班长布置今天的产量……一天的痛苦工作之旅就这样开始了。

上午胡乱地动手，把产品做出来；下午又是胡乱地制作，凑合一下交差……一天就这样结束了。平时从来不花一点时间研究一下怎么把产品的质量提高，也从不想办法解决，当一天和尚撞一天钟，混一天算一天……这就是小周工作的真实写照。

到了月底一发工资，才这么点，真没意思，他很“牛气地”炒了老板的鱿鱼。就这样，一年下来，他换了八家工厂，日复一日，年复一年，时间就这样耗尽了，结果还是“三个工程”：一无所获；一事无成；一穷二白。

糊弄工作就是糊弄自己。敷衍工作是对工作缺乏责任的一种表现，它只会让你成为公司开除的对象，永远成不了优秀员工。故事中的作业员小周就是这类“无责任意识”的典型代表。

工作中，我们随时随地都可以看到一些无责任意识的员工。他们在应付中生活，在应付中工作，做一天和尚撞一天钟，从不打算认真、踏实地做好一件事，没有奋斗目标，也没有成就感，终日心思惶惶，辛苦度日。

相反，那些有责任意识的员工往往会在工作中受益匪浅：在精神上，他们成为公司的优秀员工，获得了快乐和自信；在物质上，他们的工资提高了，获得了丰厚的报酬。

小丽大专毕业后在一家服装店做销售员。这是一份很让人头痛的工作，因为每天要面对很多顾客的各种挑剔，但最终顾客可能什么也没买。

店里的其他销售员整天对自己的工作抱怨不停：“如果我能找到更好的工作，我肯定不会在这里待下去。”但小丽跟她们不一样。尽管她对现状也不是很满意，薪水不高，地位不高，但是小丽没有放弃，因为她知道，与其说是放弃工作，不如说是在放弃自己。

于是，每当有顾客进门，别的销售员装作没看见时，小丽便主动热情地迎上去，陪着顾客挑选每一件衣服，给顾客真诚的建议。同时,她还牢记店里每件衣服的价格及尺码,在顾客询问时,总是第一时间回答出来。

就这样到了年终,小丽的业绩排在了第一,还比第二名高出30%,被评为店里的优秀员工,老板不仅给她涨了工资,还提她做店里的店长。

小丽的成功说明了这样一个真理:工作就意味着责任,对工作负责就是对自己负责。这也是为什么小丽成为优秀员工,而其他人却仍是薪水低的普通员工的原因。

当你尝试着对自己的工作负责时,你就会发现,自己其实有很大的潜能,你要比平常优秀很多。你还会在平凡单调的工作中发现很多的乐趣,最重要的是你的自信心还会得到提升,因为你能做得更好。

在任何一家公司,只要你努力工作,对工作负责,就会收获成功;无论你的工资多么低,老板多么不器重你,只要你尽职尽责,渐渐地你会为自己的工作感到骄傲,自己也会受到尊重。

责任就意味着追求完美和卓越,只有把工作做好了,公司得到了发展,社会取得了进步,你的个人才能才会随之得到提升和奖励。

如果有人懈怠了责任,你不妨提醒他:你对别人的不负责任就是对自己将来的不负责任。不是吗?不要忘记了自己的责任,不要抱怨自己的工作,不要认为你的老板对你不公,每个员工都应承担属于自己的责任,要到最需要你的地方,做你必须做的事,去承担起自己的责任。

从现在开始,对自己的工作负责吧!有了这种责任意识,我们才能不折不扣地完成老板交代的各项任务,才能不畏艰难险阻,保证工作的质量过硬。同时,这种工作态度的转变,会让你发现工作的美妙,会让你成为优秀员工的代表。

【优秀员工箴言】

对工作负责,就是对自己负责。你的尽心尽力会得到老板的认可,自信也会逐渐提升,重要的是,在你获得乐趣的同时也得到了生存的资本,具备了优秀员工的能力。

2.绝不逃避责任，敢于承担责任

比尔·盖茨曾经说过："人可以不伟大，但不可以没有责任心。"责任是我们经常谈到的一个话题，我们每个人都肩负着责任，对父母、对家庭、对亲人、对朋友以及对工作我们都承担着一定的责任。

责任本来就是生活的一部分，如果你要生活，你就必须承担责任。当你说出"其实我没什么责任，或者这根本就不是我的责任时"，你就是在逃避或者推诿责任，因为你根本不愿意承担责任带给你的重负和压力。一个人对工作不负责任的话，他便什么也做不到了。

工作就意味着承担责任，一个人工作做得好与坏，最关键的一点就是看他有没有责任感。一个人如果想跨进成功的大门，就必须学会承担责任，拥有责任心。

然而每个公司都不可能把责任划分得十分精确，责任总有交叉或留白的区域。这个时候，作为员工就应该积极主动，多承担一点责任，积极主动地维护公司的利益。只有这样，在老板的心中，你才是一个有责任感的人，才有可能得到老板的重用和提拔。

张娜是公司财务部经理的秘书，由于她没有什么经验，进入公司后，经理给她安排的工作是打杂，主要工作就是复印、收发文件。张娜虽然不太乐意，但还是很积极地投入了工作。

当部门的同事有要复印的资料时，都会抱过来找她。这时，张娜非常负责，在复印的过程中如果发现文件有问题，她就会及时地告诉同事，她的认真负责，使得同事们少犯了很多错误。

经理匆忙地拿着一份合同让张娜复印，她习惯性地把合同看了一遍，经理看到张娜拿到文件不去复印，反而在那里仔细地看，便很不耐烦地催她。这时，张娜指着合同中的一个地方，告诉经理她发现的问题。经理看到后吓了一身冷汗，要不是张娜发现，公司可能要给供货商多付上百万元。

经理没有想到李娜对工作这么负责，不久之后，就提升张娜为自己的助理，他对张娜说："有你这样的员工做我的助理，我是一百个放心。"

并不是每一个人都能像李娜这样能清楚地意识到自己身上的责任，并不是每一个员工都像我们想象得那样优秀和完美，无论他们饰演什么角色，都意识不到自己的责任。如果你是有这种想法的员工，我要告诉你，没有意识到责任并不等于没有责任，这是一种对责任的逃避。

一位零售业经理，在一家超市视察时，看到一名员工对顾客极为冷漠且很有脾气，令顾客极为不满，他自己却不以为然。这位经理经过了解后，对那位员工说："你的责任就是为顾客服务。你现在有失自己的责任，也意味着对公司不负责任，也意味着不愿对自己负责任。"他给员工的最后一句话是："今天工作不努力，明天努力找工作。"

王海去一家公司应聘，面试完后，面试官觉得他不太适合这个岗位，于是向他客气地道了个别。王海从椅子上站起的时候，一不小心，衣服被椅子上翘起来的钉子划了一下。王海看了看钉子，从旁边拿起一个重物，把翘起的钉子砸了进去，然后和面试官道别，向门外走去。

这时，面试官改变了主意，他叫住了王海，然后说："也许你的经验不适合我们公司，但你敢承担责任让我欣赏，相信有这份心，你会很快适应这份工作的。"

承担责任也许并不能立即给你带来可观的收入，但是，如果你逃避责任，你的成就一定相当有限。

不必为自己逃避责任找任何借口，借口永远不能成为一个人不负责任的理由。寻找借口就是将应该承担的责任转嫁给社会或他人。而一旦我们养成了寻找借口的习惯，我们的责任心也将随着借口烟消云散。只要我们不把借口放在面前把技能和天赋运用出来，就能够做好一切，就能完全地尽职尽责。

不逃避责任，敢于承担责任，有以下好处：

1. 承担责任会给自己相应的压力，有时候敢于承担责任就相当于主动给自己立下军令状。特别是在竞争如此激烈的现代社会，有时候就需要有“置之死地而后生”的信念。压力就是巨大的动力，收获动力就等于收获了一半的成功。

2. 承担责任有助于你获得更多应对困难和处理困难的经验。对于在职场上奋斗的人来说，经验是最宝贵的财富之一，宝贵的经验积累后能促使专业技术更加娴熟，使人不断进步、不断完善。

3. 承担责任可以让人变得坚强。台湾作家翁静玉在《办公室物语》中提出了“草莓族”的新概念。“草莓族”是形容职场人看似外表光鲜亮丽，但却软弱无力，抗压能力极差，一遇到压力就会变成一摊“水果泥”。

每个员工都不应该掩饰自己的错误，不应把错误当作逃避责任的借口，重要的是要从中吸取教训而不应忘记自己应承担的责任。

【优秀员工箴言】

责任就是生活的一部分，当你抛弃责任时，你就会被生活抛弃。当一些人无视自己的责任，只抓手中的权力与利益，而忘记身上肩负的责任时，他们必将会被生活所抛弃。

3.

做好本职工作，岗位就是责任

在其位就要谋其政，在什么岗位就做什么工作。做好本职工作是公司对每个员工的最基本的要求，无论你在哪个岗位上，你都要在其位尽其责，义不容辞地把自己的工作做到最好。

以下有这样一个故事。

一位农夫养了一条狗和一头驴子。狗的工作非常轻松，每天就是吃了睡，睡了吃，跟在主人后面摇头摆尾，来陌生人叫一叫。而驴子的工作每天非常辛苦，天一亮就要给主人拉磨，一直拉到天黑。

长此以往，驴子的心理开始不平衡，对狗又羡慕又嫉妒。一天，趁主人没在家，它就问狗："为什么我每天这么辛苦，都得不到主人的喜爱，你每天无所事事，主人还那么喜爱你呢？"

狗听了后说："那你向我学习，每天主人不在的时候就休息，等主人回家以后，你就对他摇头摆尾。"

驴子听了，决定照狗说的做。第二天早上，驴子开始睡大觉，不再拉磨，一直睡到晚上，主人来看它，它像狗一样朝前扑去。

主人看到驴子不拉磨，还袭击自己，于是生气地拿出枪，毫不犹豫地扣动了扳机。可怜的驴子就这样被一枪毙命。

故事中的驴子就是没有做好本职工作，它的本职工作就是给主人拉磨，可它总设想着逃避自己的责任，最后一命呜呼。同样，在一个公司里，领导有领导的责任，员工有员工的责任，把自己的工作做好就是负责任的最好表现。公司里的每个岗位都对公司的发展起着至关重要的作用，任何一个员工，如果不做好本职工作，都会影响整个公司的发展。

是的，既然从事了这一职业，选择了这一岗位，你就必须接受它的全部，就算是屈辱和责骂，那也是这项工作的一部分，而不是仅仅享受它给你带来的益处和快乐。

面对你的职业和工作岗位，请时刻记住，这就是你的工作！时刻不要忘记工作赋予你的荣誉，不要忘记自己的责任，也不要忘记自己的使命。

山姆是美国一家电气公司的市场总监，他曾讲述自己刚刚从事营销工作时的经历。

山姆原来是公司的生产工人，后来，他主动请缨，申请加入营销行列。那时，公司还很小，只有三十多个人，面临着许多要开发的市场，而公司却没有足够的财力和人力。因此，山姆只身一人被派往西部一个市场。在这个市场里，山姆一个人也不认识，吃住都成问题，但他心中对工作的责任感让他没有退缩。没有钱乘车，他就步行，一家公司一家公司地去拜访，向他们介绍公司的产品。他住的地方非常差，屋子里没有一丝光线，倒有老鼠成群结队地光临。

在这么艰苦的条件下，内心不动摇是不可能的，但每次动摇时，山姆都对自己说：这是我的工作，我不能抛弃它。一年后，派往各地的营销人员回到了公司，大部分都已经离职了，在剩下的几个员工里，山姆的业绩是最好的。

最优秀的员工自然会得到最好的回报。三年后，山姆被任命为市场总监，这时，公司已经成为一个拥有万人员工的大公司了。

我们在工作之余不妨试着反省一下自己的工作：

◎ 如果你能在规定期限的前一天完成任务；

◎ 如果你能把每件普通的小事处理得漂亮至极；

◎ 如果你能把上司交代的事情做得既周到又完美；

◎ 如果你能把那些别人可以做到合格的事情做到优秀，把别人可以做到优秀的事情做到卓越。

◎ 如果你能在做好本职工作之余，再替上司处理一些力所能及的事情；

◎ 如果你能把一件超乎想象的重任做得恰到好处。

如果在以上内容中，你能做到不止一项“如果”，那么你就做好了属于自己的本职工作，结果可能像山姆这样得到提升。

对于如何做好本职工作，浅谈我个人的几点看法：

(1)热爱本职工作

任何一个人，一旦步入社会走上自己的工作岗位，做好自己的本职工作就成了我们工作生涯中一个永恒的主题。无论你从事何种职业，何等职位，要做到干一行爱一行，要热爱自己所从事的工作岗位。

(2)忠于职守

做好本职工作是一个人最基本的职业道德,也是对工作的一个最起码的标准。工作中应该具有饱满的工作热情,具有认真负责的工作态度,而不是敷衍了事,得过且过,当一天和尚撞一天钟地混日子。应该说,负责是基础,只有把自己的工作做到位,尽到自己的工作责任,才能称得上一名合格的员工。

(3)尽职尽责

做好本职工作,就要从现实做起,从自己做起。我们应勇于承担工作责任,不知难而退,尽心尽责,乐于奉献。

今天不努力,明天努力找工作。选择了一份工作,就是选择了一份责任,既然已经在工作岗位上,就要全心全意、尽职尽责地去完成自己的工作。

【优秀员工箴言】

对于公司里的每一个员工来说,认真踏实地做好本职工作就是自己的天职,其中没有任何捷径可走。

4. 任何借口都是推卸责任,责任面前没有“差不多”

胡适先生文中的一个经典人物——差不多先生,在他的眼里:白糖和红糖差不多,陕西和山西差不多,活人和死人差不多……在很多公司,这种差不多先生比比皆是。员工做事不积极、不认真,忽视细节小事,不按质量完成,只作表面文章。对待工作的态度就是“差不多”。

“差不多”的工作态度,归根结底,就是对工作不负责,没有责任心。

当追究起责任来时，他们往往找各种理由搪塞：

“只是晚了一点点，是因为……”

“只是错了一个小数字，是因为……”

“只是一个小小的螺丝没拧好，又不会影响……”

……

一个被下属的借口搞得不胜其烦的经理在办公室里贴上了这样的标语：“这里是‘无借口区’”。

他宣布，本月是“无借口月”，并告诉所有人：“在本月，我们只解决问题，不找借口。”

这时，一位顾客打来电话抱怨该送的货迟到了，经理说：“的确如此，下次再也不会发生了。”随后他补偿了客户。挂断电话，他说自己本来准备向顾客解释迟到的原因，但想到本月是“无借口月”，也就没找理由。

后来这位顾客给公司写了一封感谢信，他说，没有听到千篇一律的借口让他感到意外，非常赞赏公司的“无借口月”。

找借口的习惯塑造了一批推卸责任的员工，如果让他们承担责任，那么就只限于那些容易控制的因素和事情，比如接受命令、填充表格或者按照书本操作。

其实，在每一个借口的背后，都隐藏着丰富的潜台词，那就是“差不多”。借口让我们暂时逃避了困难和责任，获得了些许心理安慰。可是，久而久之，就会形成这样一种局面：每个人都努力寻找借口来掩盖自己的过失，推卸自己本应承担的责任。

借口往往与责任相关，要做一个优秀员工，就要彻底摒弃借口。那些爱找借口的员工应该像上例中的经理一样，为自己设立一个“无借口区”。

公司发年度奖金，周琴情绪激动地走进上司办公室，很委屈地问道：“为什么我的奖金比别人少，韩丽比我后来公司，她的怎么都比我的多？我每天按时上班，同样的辛苦，也没有比别人差多少，为什么我的最低？”

上司听完她的牢骚，答道："不比别人差多少，那你又比别人好多少呢？虽然你每天也在做事，但是关键一点，你的工作总是比别人少做一点，所以拿的自然也比别人少一些。看看，这是你昨天准备的文件，装订好后，你是否认真核对过？为什么有两页是颠倒的呢？再看看韩丽的工作，哪项任务不比你完成得细致、到位呢？"

周琴小声嘟囔着："只是差一点点而已嘛，都是小错误，而且也没出现严重后果，差不多就可以了。"

"那你的工资差不多也就可以了嘛！"上司一脸严肃地说。

周琴这种员工，在工作中不少碰见，看似忙忙碌碌地工作，却总是得不到他人的认可。他们以"差不多"为借口，在"差不多"的掩盖下，做事不负责任。

任何借口都是推卸责任。在责任和借口之间，选择责任还是选择借口，体现了一个人的工作态度。我们在工作的过程中，总是会遇到困难，我们是知难而进，还是为自己寻找逃避的借口？

一个不找借口的员工，肯定是优秀的员工。对一个员工来说，工作就是一种职业使命，就是不找任何借口地去执行。

任何一个老板都希望拥有更多的优秀员工，能不折不扣地完成任务。当老板让你做更多重要的工作时，你如果不找任何借口地去执行，就会让老板欣赏你。

应付了事，工作做到差不多就行，这是员工缺乏责任心的一种表现，这种做事方法必然会诞生出粗劣的产品和服务。一块基石的偏差，可以使整幢建筑物轰然倒塌；一支未燃尽的火柴，可以使整个村庄化为灰烬。所以，别再说"我已经做得差不多了"，差不多终究还是差一点儿，没有达到极致境界，而正是这一点带来的危害，也许会在将来的某一天突然爆发，届时再去弥补，也无济于事。

在职场中，优秀的员工从不在工作中寻找任何借口，他们总是把每一项工作尽力做到最好，最大限度地满足领导提出的要求，在他们心里没有"差不多"，只有"做更多"。在他们身上所体现出来的是一种负责任的精神和态度。这样的员工一定会成为优秀员工的。

【优秀员工箴言】

要想成为优秀员工，就不能找借口，找借口就是推卸责任，要尽最大的努力去完成上司的要求，出色地完成自己的工作。

5. 负责任就是要从细节做起

一滴水珠，可以折射出太阳的光辉。细节，乃同水球，虽小却不可小觑，它可以反映出一个人的品质。在工作中，一个注重细节的员工，必定是一个有责任感的人。常言道："小事成就大事，细节决定成败。"就是这个道理。

诚然，现实生活中，只要仔细观察，你会发现那些成功者和伟人都是注意细节的人。只有注意细节，才能负责地把工作做好。其实，每个人的工作都是由一个个细节构成的，但责任无细节，不能因此而对工作中的细节敷衍应付，轻视责任。可能你在工作中的一个小疏忽，到了顾客、用户以及客户那里就会变成大麻烦，从而给企业带来无法挽回的损失。

有一天，电路板的质检组组长谢旭在生产车间巡视。也许你会奇怪，质检组组长为什么到生产车间巡视？

其实，这就是谢旭的工作特点。谢旭在担任质检工作之前曾在车间担任操作工，她比别人更了解产品质量最容易出问题的环节，所以她从源头开始，摸索出另一种更行之有效的质量控制方法。

这一天，她在巡视时，注意到有一台机器的运转速度不稳定，而操作工仍然在继续工作。经验和直觉告诉谢旭，这台机器的转轴出现了问题，必须停机检查，否则，生产出的线路板很可能出现质量问题。

可是操作工却面露难色:“谢组长啊,不能停啊,这批货赶得急,上面下命令明天必须交货,否则会扣奖金的。这台机器以前也出现过这种问题,对质量不会有影响的。”听了这话,谢旭耐心地对操作员说:“小陈啊,这台机器必须检修。如果因为机器的原因造成质量问题,你知道那样的影响会有多坏吗……”

听了谢旭合情合理的解释,这名操作员听从了谢旭的意见,将机器停下来进行检修,又一个质量隐患被遏制了。

谢旭是注重细节的典范员工,她身为质检组长却承担了超过她本职工作的责任,并坚持将它做到最好。显然,在老板眼中,她是一位优秀的员工,工作交给她,很放心。无论做什么工作,都应该负责,因为究竟什么才是真正的事关大局的,什么才是最重要的,这一点其实我们并不清楚。也许,在我们眼里微不足道的细节,实际上却可能生死攸关。

要想成为优秀的员工,要想从平凡到优秀,就必须注重细节,只有注重细节,你才能真正做到负责。在你过去的工作中,有没有认认真真地做好过哪一件小事呢?要知道,一个细节也许就可改变你人生的命运。具体来说,工作中的细节主要体现在以下几个方面:

(1)保持办公桌的整洁有序

如果一走进办公室,就看到你的办公桌上堆满了信件、报告之类的东西,就很容易给人“你工作不行”的印象。这种情形还会让你自己觉得有堆积如山的工作要做,可又毫无头绪。更重要的是,凌乱的办公桌无形中会加重你的工作任务,冲淡你的工作热情。因此,要想认真负责地完成工作,首先就必须保持办公桌整洁有序。

(2)不要缺勤

缺勤在许多员工看来是一件小事,但是,这件小事却完全关系到你对工作的态度。缺勤其实是一种很不负责的表现,因为缺勤,你的工作没有人做或者会有人要替你加班,这会破坏同事之间的关系。在公司老板看来,出勤率高的员工对公司更加负责。所以,你应该尽一切努力来保证出勤率。

(3)工作时间把手机关掉或调到静音

上班时间不要随便接听私人电话,要记住你手机的声音会让身边的同事或上司反感，而别人反感的情绪又会反过来影响你的工作情绪，最终导致个人乃至团队工作效率降低。如果你随便接听私人电话，就会分散注意力，很有可能导致你对任务的认识产生偏差，进而使任务不能按期按质完成。

(4)不要把请假看成一件小事

不要随便请假，借口身体不好、家里有事……这样既会让上司反感，还会影响工作进度。即使你认为自己的工作效率高，耽搁一两天没事，也不要轻易请假。因为身处的是一个合作的环境，你的请假可能会给其他同事造成不便，影响他人的工作进度。所以，不要随便请假，即使生病，只要还能上班就不要请假。在公司里，有很多人一旦所负的责任较平时重，便会产生逃避心态，就请假。这可以理解但绝不被支持。更大的责任是提升一个人工作能力的绝佳机会，抓住它，你的业绩就会更上一层楼。

一花一世界，一沙一天堂。如果能把工作中的每个细节都做好，你就会成为一个了不起的人物。

【优秀员工箴言】

你每天所做的工作可能就是接电话、整理报表之类的小事，你是否对此感到厌倦，觉得毫无意义而提不起精神？你是否因此而敷衍应付？这不能成为你漠视责任的理由。请记住：这就是你的工作，而工作中无小事。要想把每一件事都做好，就必须付出你的责任和努力。

6. 始终把工作摆在第一位

重视工作是做好工作的一个重要前提，这只是一名普通员工所应有的基本态度。对于优秀员工来说，不仅要重视自己的工作，还要将工作摆在第一位。因为只有“工作是第一位”的意识，才能将责任化作动力，在现实中创造出价值。

大禹之所以能够治水成功，除了他的治水才能，他的那种把治水放在第一的态度也是关键所在。

在工作时，我们也应当像大禹一样始终将工作摆在第一位。“第一位”能够使你提高对工作的责任心和责任感，排除生活所带来的干扰，专心致志地投入到工作中去，从心底重视这份工作，并竭尽全力地去做好它。实际上，我们可用简单的一句话来总结——把工作摆在第一位的态度就是增加了工作的责任分量，对自己来说也是一种强大的促进和勉励。

把工作摆在第一位，是优秀员工区别于普通员工的表现之一。它体现了员工对工作的高度重视和高度负责，体现了员工对工作的喜欢和热爱，更体现了员工的责任感。

将工作摆在第一位意味着你会真正全力对待它。当你坚定不移地以工作为重心时，就会对工作倾注自己最大的热情和激情，在工作时才能避免拖拉，在最短的时间内将工作完成到最好。对于优秀员工来说，不管采取什么样的工作方法和工作态度，最终目的还是把工作做好，这才是最终的目标。

那么，当生活、个人情感和工作发生冲突时，我们应该如何做才能把工作摆在第一位呢？

(1)当工作与生活发生冲突时，把工作摆在第一位

在现实中，工作和生活之间的冲突是非常频繁的，这是对员工工作态度的考验。不少员工认为，工作就是给他人做事，生活才是自己的，所以在生活方面出现问题时，会把生活放在第一，从而忽略或者轻视了工作，这种想法是不可取的。实际上，当工作与生活发生冲突时，通常是由于某项工作已经到了刻不容缓的地步，这时你就必须把工作当作要事处理，要不然可能会给公司带来极大的损失。

在工作和生活发生冲突时应以工作为重，坚持将工作摆在第一位。当然，把生活置后并非要求轻视个人生活，而是应该根据现实情况选择侧重点，优秀员工应当谨记这一点。

(2)当个人感情与工作发生冲突时，把工作放在第一位

优秀员工还应当明确一点：当个人感情与工作发生冲突时，应当将工

作放到第一位，个人情感放到第二位。在工作中你一定会遇到这种情况，与同事、上司在处理工作时发生争执、不快，这些情况无可避免，此时考验一名员工是否有责任感，就要看他是否将这些情绪带入工作中。优秀的员工从不会被负面情绪困扰，善于控制自己的个人情绪。

如何调控情绪，下面教大家几招：

◎ 调控情绪需要自我意识控制，当不满情绪即将爆发时，应当用意识控制自己，暗示“别发火，发火伤身，无益于解决问题”；

◎ 调控情绪需要自我鼓励，用积极向上的事迹或名言鼓励自己与逆境做斗争；

◎ 调控情绪需要环境制约，到安静、优美或热闹的场所忘掉不快；

◎ 调控情绪需要转移注意力，不要一味地纠结于不愉快的事情，必要时不妨用大哭或倾诉来宣泄不愉快的情绪。

【优秀员工箴言】

对工作的态度：把工作放在第一位，把生活放在第二位。

7. 责任就是机会，机会等于责任

“哪里有机会？机会在哪里？”这是很多人，尤其是那些渴望在事业上取得成功的人经常挂在嘴边的一句话。

其实，机会一直在我们身边。很多人抱怨机会太少，主要有以下几个原因：

一是没有能力抓住机会，机会来了只能眼睁睁地看着它溜走；

二是没有做好准备，换句话说，就是机会来了，他不在；

三是没有认识到责任就是机会，不负责任，结果把机会也给丢掉了。

其中第三种是最常见的，很多人都吃过这方面的亏。当上级安排工作任务时，他们的第一个反应往往就是："麻烦来了""又要做事了"。像这样的员工，无论在任何企业都不会有太大的发展。

有两个年轻人，一个叫小成，一个叫顾俊，他们同时进入一家工厂做品管员。

刚开始，两个人的表现没有太大的差别，但三个月后，小成给人留下了工作主动积极的好印象，顾俊却给人留下了推诿和逃避工作的坏印象。在这种情况下，上司总是把重要的、难度大的工作交给小成去做，而把一些无关紧要的工作交给顾俊。小成总是忙得不可开交，而顾俊总是无事可做。

"小成真是傻瓜"顾俊经常在背地里嘲笑小成，"你瞧我，活干得少，责任承担得少，日子过得多快活啊！"

可是，没过多久，现实的残酷便展现在顾俊面前。品管部有一个主管的职位，小成晋升为主管，顾俊却还是一个普通品管员。

小成在工作中愿意承担更多的责任，做得多，学得多，便拥有了当主管的机会。而顾俊不愿意承担责任，做得少，学得少，当然失去了当主管的机会。如果你能像小成那样对自己的工作负责，那么你也会是一个很容易拥有机会的人。

因此，当你觉得自己缺少机会时，不要抱怨没有机会，而是应该问问自己是否承担了责任。

查理·贝尔今年15岁，为了挣点零用钱，他到麦当劳去打工，他的工作是打扫厕所。虽然他从没有想过以后在这里会有什么前途，但对打扫厕所这个工作还是十分负责，做得十分认真。常常打扫完厕所后，又去擦地板，擦完地板，又去帮厨房里的人烘烤汉堡包。

不管什么事，他都认真负责地去做，他的表现令麦当劳的一个人心中暗暗欢喜，这个人就是把麦当劳打入澳大利亚的奠基人彼得·里奇。

没多久,店里有一个培训机会,里奇便把这个机会给了贝尔。培训结束后,里奇又把贝尔放在店内各个岗位上。虽然只是做钟点工,但对工作负责的贝尔认真做好每一件事。经过4年的锻炼,他全面掌握了麦当劳的生产、服务、管理等一系列工作。

19岁那年,机会再次来了。贝尔成为澳大利亚最年轻的麦当劳店面经理。如今的贝尔,已是麦当劳的总裁。

贝尔的成功说明了这样一个道理:作为一名员工,如果你能对工作负责,那么你肯定是一个容易成功的人。由于你的责任感和不断的努力,作为老板,一有机会第一个想到的自然是你。你为公司付出你的责任感,公司当然也会对你的发展负责。

可以这么说,机会就蕴藏在责任之中。责任就等于机会,勇于承担责任的人,获得回报只是早晚的事。责任和机会的关系,分析起来有三种情形:

1.责任中隐藏着机会

比如,老板对一位员工说:“你把业绩提上去30%。”表面看来,老板是给员工一个任务,实则是给员工一个机会,因为如果他的业绩提上去30%了,他就可能获得销售部经理的位置。

2.机会中隐藏着责任

比如,老板任命一位员工为主管。从表面上看,这是一个机会,事实上,它同时又是一份责任,抓住做主管这个机会,意味着要承担起一个合格的主管应当承担的责任。

3.责任和机会合二为一

比如,公司在今年的产品要达到500万,老板提议竞争上岗,哪个产线的产量最高,谁就是生产经理。谁都看得出来,提高产量既是责任也是机会。

上面三种关系,总结起来就是一种关系:责任就是机会,机会等于责任。

【优秀员工箴言】

机会对于每一个人来说都是平等的，前提是你必须对工作负责。努力培养自己对工作勇于负责的精神，就是抓住工作中的每一个机会，是拥有优秀员工的第一秘诀。

第五章

有效执行，优秀员工的成长宝典

无论黑猫、白猫，抓到老鼠就是好猫；无论苦干、巧干，有效率的员工才是老板需要的员工。人生在世，不管你做什么工作，都必须采用适当的方法。只有方法正确了，工作才会又快又好，如果方法不正确，工作就会一塌糊涂。

1. 有效执行，优秀员工不可少的品质

公司员工崔琴一下班就向朋友诉苦，说自己每天从一进公司就开始忙个不停，一会儿干这，一会儿干那，忙得晕头转向。一起进公司的同事陈依干的是和自己一样的工作，看起来总是从容不迫的样子。更让崔琴有些心理不平衡的是，到月底工作量一统计出来，自己还不如陈依。可是看看陈依每天都在做些什么呢？准点上班，准点下班，从来没有加过班。每次自己在公司拼命加班的时候，陈依却早早地下班陪着自己的男朋友到处玩。每次公司组织出去活动，陈依都非常积极地参加，而自己却因为工作没有完成而选择放弃。

每天忙忙碌碌，却老是忙而无功，感觉付出很多，却总是得不到老板的满意。崔琴觉得非常郁闷。她很难理解，自己如此地努力，为什么没有得到好的回报呢？

在现实生活中这种现象真是太普遍了。如果你正处于这样的状态，这时的你就需要提高警惕了，也许你不是工作不努力，而是没有有效执行。因为，如今可不是讲求"慢工出细活"的时代，有效执行总是与工作业绩、奖金，甚至晋升挂钩，每天费尽心思琢磨的应该是如何提高自己的执行力。那么，作为一名员工，如何提高自己的执行力呢？

(1)少说多做

在实际工作中，很多人空话、废话满天飞，一点也不着边际。这些空话、废话，既不能获得老板的信任，也不能为自己带来效益。其实，实实在在的行动，无须天天挂在嘴边，其彰显的是一种看得见、摸得着的东西。相比之下，它更能够获得周围人的认同。实干胜于空言。多干实事，少说空话，实实在在地工作，以切实的行动来诠释自己的能力，比其他什么都更有说服力。

苏文典是公司的一名市场策划人员，他在公司是一个高效率的人，对于上司的吩咐从来都是立刻行动。一天，老板让他在一周时间内提交一份公司同类产品在市里各大商场的销售报告。

苏文典接到任务后，一分钟都没有耽搁，立即对几个大商场开始调查。调查完后，他又马不停蹄地回到公司，开始整理数据，并着手写调查分析报告。

跟苏文典一个办公室的王洋看他这么辛苦，就说："你刚从外面回来，休息一天再写也不迟，还有两天时间呢。"

"不行，我得尽快把报告写完。"苏文典坚定地说。

说完后，苏文典开始埋头写起报告。第二天下午，经理突然来办公室找苏文典，问他："我让你写的报告你完成了吗？总公司突然来电，让我今天连夜带着报告过去开会。"

"已经完成了，我正准备给您送到办公室去呢。"苏文典将自己手中的报告交给了经理。

"太好了，小伙子，本来说好的是明天下午交，还想你肯定没有完成，没想到你做事效率这么高。"说完，经理转身走了。

三天后，经理从总公司回来，把苏文典叫到办公室说："告诉你一个好消息，总公司决定再成立一个分公司，正在挑选策划部门的经理，我把你推荐上去了，好好加油！"

苏文典工作时，总是分秒必争，虽然经理给他安排的工作时间很宽松，但是他没有因此而拖延和怠慢。最终他的有效执行的表现得到了经理的认可，他的机会也因此而来了。

(2)将执行落实到实处

执行工作的时候需要把它落到实处。如果只是沉浸在不切实际的幻想之中，而不是脚踏实地地付诸行动，那么再美丽的幻想也永远只能是幻想。

公司老总让熊强去见一个客户，他们约定上午11点在某餐厅见面。结果熊强因为路上堵车，晚到了10分钟。熊强进入餐厅的时候，客户已经离开了。于是熊强给客户打电话请求再次见面，客户问他："你为什么不准时到？"熊强说："我因为堵车只晚了10分钟而已。"客户严肃地说："别说10分钟，就是1分钟也不行。因为你不能准时，所以我不会再和你们公司合作了。"

因为熊强将一笔大生意给耽搁了，老总将熊强开除了。

不要因为一分钟或几分钟时间没有什么，就像熊强一样，因为10分钟的时间，让他失去了工作。作为公司的一员，一定要时刻反省自己：是不是把工作落到了实处？如果不是，那就一定要找出自己出现问题的原因，并加以更正，让自己成为一个高效的优秀员工。

你每天所要处理的工作，如果仔细想来无非有两种：事务型和思考型。如果将你所要做的工作做如此划分，区别对待，也许你会收到事半功倍的效果。

其实，每个人的办事能力差不多，关键在于如何处理事情，如何用最少的时间，发挥最大的工作效能。你要注意以下几点：

(1)为每天工作定下最后完成的期限，除非在很特别的情况下，否则不要拖延。

(2)对于不是自己分内的工作，学会坚决地说"不"字。

(3)假若你把每天的工作安排得满满的，应把一些必须马上完成的事情抽出来，专心处理。

(4)假若你觉得心情欠佳，应暂时放下一切工作，让自己有松弛的机会，待心情好转时再投入工作。

(5)如果你可以用电话直接处理事务，无须浪费时间写信。

(6)把文件整齐排列妥当，这样你便无须费时找寻资料报告。

【优秀员工箴言】

工作出色的人总是每时每刻都在忙碌着，他们雷厉风行，干脆利落，做事从不拖拖拉拉。他们用自己的业绩证明自己的价值，这就是优秀员工所共有的特质。老板最喜欢和赏识这样高效执行的员工。

2. 立即去做是执行的关键

在公司里经常看到这样一些现象，有些人每天非常忙碌，每当领导给他一个任务时，他总是说："我等一下就去做""我把这件事忙完再去做。"而当下一次领导再给他分配任务的时候，他还是这些话，结果你看他总是在加班，但是总不能让领导满意。

出现这些问题的一个主要原因就是这些人每天把工作不能真正落实到行动上，也就是不能立即去做。立即去做是一种观念，更是一种责任，只有抓好这一点，才能有效执行任务，把任务变成结果。

一位记者在访问一位成功人士："请问你成功的秘诀是什么？"

"立即去做！"

"如果你在工作中遇到困难，请问你会怎么做？"

"立即去做！"

"如果让你把成功的秘诀分享给世界上的每一个人，你会告诉他们什么？"

"立即去做！"

把执行落实到行动上，就是立即去做。光知道，不做到，一切都等于零。山西一位省长曾说："开会＋不立即去做＝0，布置工作＋不立即去做＝0。"同样，在公司里，也要知道"工作＋不立即去做＝0"。

威尔斯是个多产的作家，他从来不让任何一个灵感溜走，他的方法是立刻写下来。即使在半夜，他也会打开电灯，拿起放在床头的纸和笔把灵感记录下来，然后再蒙头就寝。

这个社会有如此多的成功者，他们之所以能够成功，不是因为他们有多么出奇的想法，而是他们可以把自己的想法付诸行动，立即去做。

迈克到来太地区出差。星期二，迈克应澳洲墨尔本商会的

邀请发表演说。星期四晚上，他接到一个电话，那是一家销售金属柜的公司经理杰克打来的。他兴奋地说："发生一件奇妙的事。"

"什么事？"

"你在星期二的演讲当中，推荐了十本励志书籍。那天晚上我选择了其中一本读了几个小时，第二天早上我又继续读它。我在一张纸上写着：我的主要目标是，今天的业绩要比去年成倍地增加。奇妙的是，我在48小时内做到了。"

"你是怎么做到的？"

杰克回答："你励志演讲中提到了业务员的故事。你说，立即去做！于是，我找出了十个已经被放弃的客户，分别提供更好的计划书，复诵了数次'立即去做'，然后，我用积极的态度再度拜访这十位客户，结果，我做成了八笔大生意！"

杰克听了演讲之后，立即去做。如果你还不知道该如何用积极的态度，我们提醒你——立即去做！立即去做，可以助你实现你最不奢望的梦想！

英国诗人布莱克曾经这样说："只会想象而不行动的人，只是生产思想垃圾。成功是一架梯子，双手插在口袋里的人是爬不上去的。"的确如此，一个懂得立即去做的人才是优秀的人。虽然这个观点很简单，但对很多人来说，要执行起来还是有一定难度的。那么，让我们来总结一下"立即去做"的几个诀窍吧。

1. 不要等到条件完美了才开始行动。如果你想等条件都完美了才付出行动，那很可能你永远都不会开始。因为总是会有些事情不是那么好做，或是错过时机，行情不好，或是竞争太激烈。现实世界中并没有完美的开始时间，你必须在问题出现的时候就行动并把它们处理好。

2. 做一个实干家。要实践，而不要只是空想。想开始实践吗？有好的创意要告诉上司？今天就行动起来吧！一个没有付诸行动的想法在你的脑子里停留得越久会变得越弱，过些天后其细节就会随之变得模糊起来，几星期后你就会把它给忘了。在成为一个实干家的同时，你可以实现更多的想法，并在其过程中产生更多新的想法。

3.用行动治疗恐惧。你有没有注意到公共演讲最困难的部分就是等待自己演讲的过程呢？即使是专业演讲者也会有表演前焦虑担心的经历。但是一旦开始演讲，恐惧也就消失了。行动是治疗恐惧的最佳方法。万事开头难，一旦行动起来，你就会建立自信，事情也会变得简单起来。通过行动来克服恐惧，让工作变得高效起来。

4.机械地发动你的创造力。人们对创造性工作最大的误解之一就是认为只有灵感来了才能工作。如果你想等灵感给你一记耳光，那么你能工作的时间就会很少。与其等待，不如机械地发动你的创造马达。如果你需要写点东西，那么强制自己坐下来写。落笔，灵机一动，乱涂乱画。通过移动双手来刺激思绪，激发灵感。

5.先顾眼前。把注意力集中在你目前可以做的事情上。不要烦恼上星期理应做什么，也不要烦恼明天可能会发生什么。你可以左右的时间只有现在。如果你过多思考过去或将来，那么你将一事无成，明天或下周使你担忧的事经常是不会发生的。

歌德说得好：“只有立即去做，你才能行动起来。”无论做什么工作，只停留在嘴上是不够的，关键要落实在行动上。同样，要做一个优秀的员工，就应该有“立即去做”的习惯，这才是有效执行的关键。

【优秀员工箴言】

如果认准了一项工作，那么我们就要立即行动，因为世界上有数不清的人都因拖拉懒惰而一事无成。一日有一日的理想和决断，昨日有昨日的事，今日有今日的事，明日有明日的事。对有些人来说时间就是金钱，对有些人来说时间就是废品，一百次胡思乱想抵不上一次行动。

3.

合理安排时间，提高效率

在公司里，很多人都有一种感觉，那就是时间不够用，总感觉什么都还没有做，一天就过去了，而看别人的时候，老感觉别人的时间特别多。其实时间是最公平的，不论你是贫穷还是富贵，每个人每天所拥有的时间都是一样多。那为什么同样的工作时间，每个人每天取得的成就却不一样呢？除了知识和能力之外，一个非常重要的原因就是因为他们的时间管理不同。做事效率高的人往往时间安排非常好，而做事效率低的人则时间安排得十分差。因此，一名优秀的员工，必须学会有效管理自己的时间，只有这样，才能在有限的时间里做好手头的工作，不至于耽搁任何一件事情。

歌德曾经说过："善于管理时间的人，才是真正伟大的人。"时间总是在一刻不停地流逝，能不能高效工作就看你是不是会管理自己的时间。原来可以半小时完成的工作，结果一两个小时过去了还没有完成。而那些善于管理时间的人，同等时间内比别人多工作几倍之多，毋庸置疑，后者肯定要比前者更容易成功。

对时间的有效管理直接关系到员工工作效率的高低。工作是很多的，时间却是有限的，时间是宝贵的财富。如果不会合理地使用时间，计划再好，目标再高，能力再强，也不会产生好的效果。不懂得管理时间的员工就是最无能的员工，浪费时间就等于浪费公司的财富。员工不应被动地被时间牵着鼻子走，而应主动地把握时间、规划时间、管理时间，让有限的时间发挥更大的效用。

有很多员工，从早忙到晚，不但在工作时间忙个不停，而且还经常加班加点。表面上看，他好像很努力，很会利用时间，但事实上并非如此。很多从早到晚忙个不停的人的工作绩效并不突出，有些还相当低。这是为什么呢？就是因为他们每天都在"瞎忙"。有效地利用时间绝对不是

“瞎忙”,而是高效率地利用时间,使每一分、每一秒都产生最大的效益。

美国一家大公司的董事长赖福林就是一个有效利用时间的能手。他每天清晨6点之前准时来到公司,先是默读15分钟经营管理的书籍,然后便会全神贯注地思考本年度内必须完成的重要工作,以及所需采取的措施和必要的制度,接着开始考虑一周的工作,这是一项十分重要的工作。他把本周内所要做的事情一一列在黑板上,之后就在去餐厅与秘书一起喝咖啡时,把这些考虑好的事情——小至职工的孩子入托,大到公司的大政方针和计划——几乎他认为重要的事情都一起商量一番,然后做出决定,由秘书具体操办。赖福林的时间管理法,极大地提高了自己的工作效率,推动了公司整体绩效的提高。

那么,我们应该如何像赖福林一样成为一个合理安排时间的能手呢?

(1)计算自己的时间价值

如果自己就是律师,或者所提供的服务是以小时为计算单位,那么我们早就清楚自己的时间价值了。但如果我们的工作不是以小时为计算单位,也可以算出时间的价值。具体的计算方法如下。

每小时价值=(每月工资/4)/每周工作小时

如果每月工资是5000元,每周的时间价值就是1250元。每周工作40个小时,那么每小时的价值就是31.25元。计算出自己的时间价值后,当我们要被引诱去做一些不重要的事情时,记住自己每小时收费是31.25元。如果浪费了1小时,就是浪费了31.25元。

精确计算出时间的价值,是一项严肃认真的练习,这样我们才会知道不能有效利用时间而付出的代价。

(2)不要漠视小段时间

通常情况下,我们都认为1分钟、3分钟、5分钟是微不足道的,所以浪费这些小段时间也就不在乎,这也是它变成时间杀手的重要原因之一。如果把这些时间坚持1年、10年,情况就大不一样了。如果早上多磨蹭5分钟,对于你的一辈子75年来说就浪费了60天;如果坚持每天花10分钟看2000字的书籍,1年就可以看完75万字……

这就是小段时间带给我们的收益。如果你有这些小段时间:1分钟、3分钟、5分钟、10分钟,你可以做些什么呢?

(3)进行时间规划

如果你对自己的时间没有规划,那么你对时间的利用便无效率可言。你的时间就好像一块蛋糕,谁都可以拿来吃,你不控制自己的时间,别人就会来控制它。你每天只需要花上10分钟,就能做好一天的规划,但这10分钟的规划却能帮你省下2个小时的工作时间。时间管理效率定律是:

在事前花10%的时间做规划,开始工作后就可节省90%的时间。

从现在开始练习给自己的每一天做规划吧。

一日无二晨,时间不重临。人生有限,工作的时间有限,充分展现自身才能的时间更有限。一个人事业的起点,事业腾飞需要使用的资源很多,但时间是最稀缺的资源,如果能利用好这一稀缺的资源,起点会更高,起步会更快。

【优秀员工箴言】

时间对于每一个人是公平的,成功的人一天有24小时,失败的人一天也有24小时。但成功的人知道怎么去安排自己的时间,使自己可以高效工作,而失败的人却总是西瓜、芝麻都想抓,结果什么都没有得到。

4. 做事要分轻重缓急,要事第一

当你的上司和你上司的上司同时派给你任务时,你应该先完成哪个?当工作和生活发生冲突时,你又应该先完成哪个?当你手中有本职和兼职工作需要完成时,你该如何考虑先后?

是的，工作要分轻重缓急。在职场里，如果不懂得分清轻重缓急，就会使自己忙得像热锅上的蚂蚁，却还是找不到出口。只有那些懂得如何取舍，懂得在“乱麻”中找到关键点的人，才能脱颖而出。

所以，在做任何事之前，尤其是当手里有一大堆事情要处理的时候，看看这些事都是什么目的，都是谁派给你的，然后根据自己的判断选择最应该做、必须要做的事情先完成。

那些在职场上办事效率高，深得上司赏识信任的成功人士都清楚这样一点——工作需要分清轻重缓急，先做最重要的事情，把宝贵的时间用在最有“生产力”的地方。

对上司下达的任务先进行轻重判断，分辨最有价值的工作，然后集中精力争取第一时间将之顺利完成——可谓高效迅速地完成工作任务。快速地完成工作任务，意味着与同事们相比在相等的时间里，你可以完成更多的工作。先做最重要的事情，意味着你是一个有“思想”的人，会站在上司的立场思考问题，并以最快的速度去执行上司的意愿，而不是眉毛胡子一把抓，抓到什么工作就做什么的糊涂人。如此高效率工作的“执行者”，定能在同事中脱颖而出，深受上司的重用。

小郑是人寿保险公司的推销员。他所在的公司在招聘员工时，都会让应聘者做一道选择题：下面有五个选项，你认为应该把绝大部分时间优先安排在哪些事情上呢？

A. 制订拜访计划。

B. 接听亲友的电话。

C. 参加公司各种会议和活动。

D. 约见拜访客户。

E. 参加公司的业务培训。

可以这样来分析：既然是人寿保险的推销员，对于推销员来说时间是非常宝贵的，因此必须把时间优先安排在最重要的事情上。

经过认真仔细地分析和排列，小郑是这样排列的：D→A→E→C→B。当然，小郑也得到了这份工作。

身为员工——工作的执行者，我们在接到上司下达的任务时，就应该懂得判断工作的轻重,从而按先后顺序去执行。假如把所有必须干的工作按重要程度分为十项的话,那么只要把其中最重要的几项做好,假设是四项,那么剩下的六项工作,就先不要费时间和精力去考虑。抛开这些无足轻重的占60%的工作,集中时间和精力来做那最有价值的占20%的工作,这种执行方法将会给你带来意想不到的收获。

工作需要章法,要分轻重缓急。这样才能一步一步地把事情做得有节奏、有条理,避免拖延。工作的一个基本原则是,要把最重要的事情永放在第一位。

对每一名员工来说,都应该采用这种方法去工作:以重要、紧急的事情为主,先解决重要的事情,对于那些并不重要的事情,则可以暂时缓一缓。科学的取舍能够帮助你把事情做得更好,如果分不清轻重缓急,做起事情来毫无头绪,就可能错过大好的机会。任何工作都有个轻重缓急之分,只有按照事情的轻重去执行,你的工作才会变得井井有条,忙而不乱,从而提高工作效率,你才能获得上司的赏识,从而成长为一名优秀员工。

要事第一的观念如此重要,却常常被我们遗忘。我们必须使这个重要的观念成为一种工作习惯,每当一项新工作开始时,都必须首先让自己明白什么是要事,什么是我们应该花最大精力去重点做的事。对于什么是要事,这里有五个标准可以参照。

1.完成这些任务可使我们更接近自己的主要目标。

2.完成这些任务有助于我们为实现组织、部门和工作小组的整体目标做出最大贡献。

3.我们在完成这一任务的同时也可以解决其他许多问题。

4.完成这些任务能使我们获得短期或长期的最大利益,比如获得公司的认可或赢得公司的股票等。

5.这些任务一旦完不成,会产生严重的负面作用:生气、责备、干扰等。

根据紧迫性和重要性,我们可以将每天面对的事情分为四类:重要且紧迫的事;重要但不紧迫的事;紧迫但不重要的事;不紧迫也不重要的事。

只有合理高效地解决了重要而紧迫的事情,我们才可能顺利地进行别的工作。而重要但不紧迫的事情要求我们具有更多的主动性、积极性和自觉性,早早准备,防患于未然。剩下的两类事或许有一点点价值,但对目标的完成没有太大的影响。

只有养成做事分轻重缓急，要事第一的习惯，工作才会被有效执行。这样，工作对我们来说就不会是一场无止境、永远也赢不了的赛跑，而是可以带来丰厚收益的活动。

【优秀员工箴言】

效率不是忙出来的。工作的时候，一定要分清轻重缓急，合理安排，这样才会提高工作效率，获得事半功倍的效果。

5. 凡事马上解决，绝不拖延

相信很多人都会有这样的经历：清早闹钟响的时候，我们虽然知道该起床了，但总是在想，再睡 5 分钟，5 分钟过去了，又想，再睡 2 分钟，再睡 1 分钟……这就是拖延。拖延是很多失败者的顽疾。

拖延是一种自己骗自己的行为，把一个原本今天能做完的事情，拖延到明天，最后导致的结果就是要花更多的时间去完成。造成拖延的原因有以下几种：

(1)习惯：因为长时间认为事情可以放在以后去做，把工作和事情延后，长此以往，就养成了拖延的习惯；

(2)害怕：害怕做事的结果不好，会给自己带来不好的后果，所以拖着不做；

(3)追求完美：认为事情还没有准备好，要等准备足够充分时才能去做。

人一旦养成拖延的习惯，就会消磨自己的意志，做事情越来越没有信心，对自己的性格和能力开始产生怀疑，从而阻碍了自己的潜能发挥，最终使自己离成功越来越远。

黄菲是一家工厂的文员。由于厂子不大，所以对什么都很节约，即使是打印纸，厂里也要求员工尽量正反面都要用。

一天，主管看黄菲手里的工作不是很多，就让她把打印纸整理一下，以备再使用。黄菲很不乐意，心想这也不是自己的工作，而且这些打印纸也不急着用，等明天再弄吧。

过了一周，主管要打印很多文件，找黄菲要整理好的打印纸，可是黄菲还没有整理。主管面带不悦地自己把打印纸抱到办公室整理去了。

在年底的裁员中，黄菲就是其中一员。

拖延是一个人通向成功之路的障碍，它会让你失去工作的主动性和积极性，只会使“执行”搁浅。

事实上，在生活和工作中，每个人都或多或少地存在着拖延的习惯，我们也经常会因为自己的拖延而懊恼不已，但是有的人会克制自己的这个习惯，凡事马上解决，而有的人却慢慢养成拖延的习惯。那么，我们应该如何改掉拖延这个不良习惯，凡事马上解决，不使“执行”搁浅？

要想改变拖延的坏习惯，从现在开始把拖延当成你的“敌人”，不要让拖延窃取你的时间，不要让自己成为拖延的“奴仆”。拖延是时间无声的杀手，也是最严重的浪费时间的行为。

当你因拖延而浪费时间时，可以每天花10～30分钟为自己编写一个拖延表，将最可能拖延的事情排在拖延表的第一位，然后把你拖延事情的完成时间算出来。例如，我喜欢拖延起床，起床时间为10分钟，然后对这项进行时间管理，把起床的时间提前，以前是7点起床，现在提前到6点50分。

对拖延表中的每一项都进行这样的时间管理，为自己找出解决方法，如果万一找不到，可以向身边的朋友询问。

长期坚持编写时间拖延表，一个月后，你可能会发现你的拖延习惯已经不见了，拥有了一个“今日事今日毕”的好习惯。

时间拖延表

拖延的事情	拖延的时间	拖延的原因	时间管理策略	节省的时间
起床	10分钟	不想起来	提前起床的时间	10分钟

拖延是一种对生命的挥霍。如果将一天中的时间记录下来，就会惊讶地发现，拖延正在不知不觉地消耗着你的生命。拖延是因为人内心深处的惰性在作怪，每当将要劳动时，或要做出某些决定时，我们就会找出一些借口来安慰自己，在逃避中让自己轻松些、舒服些。如果心存逃避的念头，你就能找出千万个理由来为自己的拖延做辩护。

拖延是对惰性的纵容，一旦形成习惯，就会消磨人的意志，使你对自己越来越失去信心，怀疑自己的毅力，怀疑自己的目标，最终使自己的性格变得犹豫不决。

要想进步和向上，有效地执行工作，这里有两个原则：

第一，首先要改变自己，要下决心停止自己的拖延行为，立刻采取行动。

第二，将钟表拨快一分钟，永远以比别人更快、更积极的态度来完成工作任务。这样，你就能很好地改变自己，变得不再拖延。

记住这个原则，并把它融入到工作中，对最具价值的工作投入充分的时间，否则你永远都不会感到安心，你会一直觉得陷于一场无止境的赛跑中，永远也赢不了。

你若希望自己能以“办事利索”的形象获得老板的青睐，成长为优秀员工，那就凡事马上解决，绝不拖延，即刻去做手中的工作吧。只有“马上解决”，才能摆脱拖延的恶习，将自己从“明日再做”的陷阱中拯救出来。

【优秀员工箴言】

“绝不拖延，马上解决！”这句话是最惊人的自动启动器。任何时刻，当你感到拖延的恶习正悄悄地向你靠拢时，或当此恶习已迅速缠上你，使你动弹不得时，你都需要用这句话来警醒自己，在一分钟之内行动起来。

6. 一切高效的背后都有得当的方法

你是不是每天都很忙，却老是忙而无功？是不是感觉付出很多，却只是得到老板的责骂？是不是没有一刻空闲，到总结时却说不出完成的结果？如果你已身心疲惫，但是一无所获，那么，你可能不是工作不努力，而是没有掌握提高工作效率的正确方法，在无意中浪费了你的生命。

在工作中，当我们面对大量任务的时候，如果转换角度，用“高效”的方法不仅可以快速完成工作，而且还可以增强自己的工作成就感，提高工作效率，进而激发我们的工作潜能和工作积极性。

今年28岁的陈秦是一家公司的总裁助理，3年来，工作一直很出色。但是有一点让他很苦恼，那就是工作量太大，每天要处理的文件和信件可以堆成小山，使他根本无法入手，总感觉工作任务将他压得喘不过气来，而且，工作效率低得出奇。对着每天堆积成山的任务，他只是疲于应付，对工作完全丧失了激情。

一次偶然的机会，陈秦去另一家公司拜访，当他走到那家公司总裁助理的办公室时，发现办公室收拾得干干净净，陈秦十分纳闷，便在私下里问那个助理：“你做总裁助理难道没有工作需要处理吗？看你桌面上干干净净的。”

那位助理说道：“我每天需要处理的文件和信件可以堆成山，但是我现在已经处理完了。”

陈秦接着就问：“那你每天都能干完吗？”

助理笑着回答:“我能干完。原因很简单,我知道我所需要处理的事情很多,但我的精力有限,一次只能处理一件事情,于是我就按照所要处理事情的重要性列一个顺序表,然后一件一件地处理。这样,很快就能处理完了。”

陈秦认为这是一个不错的方法。于是,回去之后,他也按照事情的重要性建了一个顺序表,并且一件件地去处理,工作效率一下子提高了许多。陈秦感觉自己像具有了“超能力”,顿时对工作充满了激情。总裁看到他每天都能完成原来不可能完成的任务,觉得他工作更卖力,工作能力更强了,对他大加赞赏。对此,陈秦对工作也更加有成就感了。

一年以后,他成为了总裁眼中的佼佼者,总裁将他调往分公司去担任总经理一职。

从陈秦的经历我们可知,有效地提高工作效率可以增强自身的成就感,进而转化为工作积极性。

另外,提高工作效率等于是在延长自己的休闲时间。效率提高,意味着你可以腾出更多的时间来享受生活,让自己更快地攀到事业的顶峰。效率是促使你优秀的最有力武器。

那么,在平时的工作中我们如何去提高自己的工作效率呢?

(1)迅速进入工作状态

细心的人不难发现,高效率者都是那些可以立马进入角色,以主人公身份处理与所在环境中不协调因素的人。当你决心做好某项工作的时候,就应当立即进入工作状态,使自己的行为与工作氛围尽快地吻合一致。这样就能在无形中节省大量的工作时间,避免造成工作量的堆积。

(2)不受周围环境的控制

在生活中,许多人之所以工作效率低主要是因为自己没有主见,盲目听从别人的意见和想法,使自己乱了方寸,浪费了大量的时间。所以,在工作中,我们尽量要做到有主见,列出明确的工作计划,别人提出的意见或想法可以作为参考。

(3)将工作分成几个部分

将每天的工作按轻重缓急划分清楚,列一张清单,然后一项项地去实施，不但可以节省许多时间，更会让你找到攻克难关的成就感，从而产生一种兴奋情绪去对待其他的工作。

另外，还可以通过适当的运动来提高工作效率。体育运动可以重新点燃一个人的精力和斗志，会激发你的工作灵感，可以使你从中获得新的力量，帮助你顺利高效地完成工作。

总之，每个人一天只有24小时的时间，你要想成为优秀员工，那就要想方设法提高工作效率。当然了，不同的工作其提高效率的方法也是不同的，但都是有技巧可循的，关键的一点就是先去处理那些最重要的工作。

【优秀员工箴言】

每一个任务，每一项工作，都有其更合适、更高效的方法。而如何找到这个方法，无论你是一个职场新人，还是一个富有经验的职场高手，都需要认真对待这个问题。好的方法往往能让你更加高效，在同事中脱颖而出，为自己争取更大的发展机会。

7. 专注是有效执行的“金钥匙”

有人问爱迪生：“成功的首要条件是什么？”他回道：“如果你有一种能够让自己的身心全部投入到同一个问题上而且不受任何打扰的能力，那你离成功就不远了。”

著名的物理学家爱因斯坦对于成功有一个著名的公式：成功＝聪明＋勤奋＋少说废话。这“少说废话”，实际上就是告诉人们，要学会专注，不要将时间和精力花费在无聊的事情上。

专注的力量为何如此强大？一旦专注于某项工作，人们会将自己所有的精力都投入到上面，对于别的打扰不会理会，其效率会大大增加。同时，专注会蓄积你全身的热忱，你的思维、你的行动会变得积极而迅速。

许多员工非常勤奋，工作也很努力，但就是看不到成效。这里面大部分原因就是没有专注地做每一件事。要想成功，我们必须专注。要提高工作效率，就必须专注。如果你在一个小时内专注地去工作，这比花两个小时而被打断10分钟或5分钟的效率还要高。当无法专注受到干扰之后，你还得花时间重新启动你的思维机器，这无疑对效率是有极大损害的。这也是有的员工整天很忙，却总感觉没有效率的原因。

许多成功的作家都认识到专注的重要性。现代多产小说家之一——西默农在写一本书的时候，会把自己完全和外界隔绝开来，不接电话，不见来访的客人，不看报纸，不看来信。在他完全专注于写作大约半个月之后，他出来了，并完成了一本最畅销的小说。

专注说起来容易，但做起来绝非易事，特别是有这么多让我们分心因素的影响。那么最容易让我们分心的是什么呢？我们应该如何应对它呢？处理让我们分心的最好方法，就是好好管理这些使我们分心的事情：

◎ 老是想着要看电视，可以将遥控器交给朋友管理；

◎ 做某一件事或工作时，老是望向窗外，可以给窗户安个隔音玻璃或窗帘；

◎ 不要在会被干扰的地方做事情，例如车站、大街上；

◎ 做事时，把电话线拔掉，避免电话的干扰；

◎ 在工作的时候，如果有人打扰，可以告诉对方“我现在在工作，完成后我会去找你”；

◎ 在开始前，把需要用到的东西都放在你伸手就可拿到的地方，避免去找东西的干扰；

◎ 让自己在一个非常安静的地方做事，避免噪音的干扰；

◎ 让自己每天固定在某一时间段做某一件事情，这样可形成生物钟，一到时间就能全神贯注；

◎ 避免吃太多东西或饿着肚子做事，因为吃太多或饿着肚子会使大脑缺氧，难以专注；

◎ 想象一些我们完成某件事后的美好，可以激励我们专注做事。

把让我们无法专注的事情用笔写下来，然后参照上述方法尽量排除

干扰。另外,若想专注,不妨采用以下方法:

(1)转移注意力

将注意力从自己身上转移到别人身上。比如,开会时关注别人的发言,不要考虑别人会怎么看自己,自己是不是引起了别人的注意。

(2)克服自卑和恐慌

一般情况下,这些消极影响对你的专注影响非常大,持续的时间也比较长。当你开始某一项工作时,这些讨厌的东西就会让你难受。只要你意识到它们的存在,想办法将它们驱赶掉,采取自我激励的方式,多给自己打气,尽量将心态恢复到积极状态中。

(3)克制你的情绪,保持头脑冷静

当你的情绪低落时,最好的办法是马上将你的思维带入工作中,强迫自己想一些与工作有关的问题,因为思维是持续不断的,你会连续不断地思考下去,直到进入行动状态。也可以利用外界的事物,比如听一首优美的音乐,看一件精致的艺术作品或读一篇有趣的故事,只有保持情绪的平静,才可能让大脑冷静下来,专注于工作上。

(4)不要人为地分散精力

人的精力是有限的,如果将有限的精力分散到许多事情上,可能每一件事情都办不好。如果集中精力,只干其中一件事情,可能这一件事发生的作用比干几件事还要大。分散和专注是两个截然对立的行动,切忌三心二意,心猿意马。

(5)学会休息

科学的作息规律能让你保持充沛的精力。适时让大脑得到休息,会让你的注意力集中,产生较高的效率。那种拼命式的工作方法即使增加了工作时间,但却会使注意力分散,降低效率。专注的人一定懂得休息之道。

从现在开始,我们必须专注于自己的工作和手头的事情,下定决心,任何干扰都不能动摇。

【优秀员工箴言】

无法专注会让我们把大量的时间花在一些没有意义和没有结果的事情上,这样会让我们的事业和生活都陷入谷底。所以说无法专注是有效执行的天敌。

8. 跟“穷忙”“瞎忙”说再见

只满足于数量而不是质量，这是很可怕的。任何失去“质量”的堆积都是毫无意义的。因为公司看中的不是你做了什么，而是你做成了什么，也就是说结果才是最重要的。所以无论做任何工作一定要讲究方法和效率，不能一味地穷忙、瞎忙。

小胡和小陈在同一家公司的IT部门工作，两人的学历和技术水平都差不多。有一次，老板给他们一人一个项目，要求他们在一个月内拿出方案来。小胡表现得非常卖力，几乎每天都第一个到公司来，最后一个离开。而小陈却轻松得多，每天按时上下班，并没有任何不同于往日的忙碌。但是，最终的结果却出人意料：小胡的方案没有得到老板的肯定，而小陈的方案却通过了。

在后来与同事的聊天中，小胡道出了其中的原委：原来他每天都很忙，但大多时候，却不知道忙碌的目的是什么，自己的努力没有什么针对性，时间花了，却没有得到相应的结果。而小陈则不同，他把整个工作分成几块，每天集中精力完成自己的计划，每天都能看到自己的工作在一步一步地进行着。这样的高效率自然会得到好的结果。

正因为小陈注重有效执行，保证自己的每一步工作都不穷忙、瞎忙，才能在同样的时间内高质量地完成工作。然而，在职场中能做到有效执行的人并不多，有很多人的工作就是在穷忙、瞎忙中度过的。这样的后果会让你慢慢失去对工作的热情，工作会成为你的负担，不会有乐趣而言。

“效率就是生命。”在市场竞争中那些虽然对工作很投入，但效率低的员工,是很难用“投入”换取“产出”的,也很容易被竞争大潮淹没。在我们身边不乏穷忙、瞎忙的人,精明的老板总能透过他们的工作内容,看出他们的本领,而无须探询他们忙得团团转的理由。因为,困难的工作不一定会使人显得很忙,而终日忙得晕头转向的人不一定是能干的人。

那么,我们究竟该如何做才能告别穷忙、瞎忙,使自己的工作更有效率呢?

(1)搞清楚工作的目标和要求

我们不是为了工作而工作,而是为了结果而工作。所以,在接到工作时,我们不要急着下手,急着去探究工作的手段和技术,而是要先思考一下:上司期待我们做出什么样的结果?工作的目标和要求是什么?只有这样才能避免重复作业,减少盲目行动。

(2)懂得向外来的干扰因素说“不”

在决定该不该答应对方要求的时候,要先问一下自己:我要做什么?什么对我才是最重要的?如果我答应了对方的要求,是否会影响我的工作进度?如果事情会因为你的拖延而影响别人,那么你就要断然拒绝,不要让额外的要求扰乱了自己的工作进度。

(3)懂得合作,适时沟通,寻找捷径

经常听到有人抱怨:“手边的工作都已经做不完了,又丢给一堆工作。”“某某工作那么闲,怎么搞的?”但有没有可能问题是出在自己身上?你有没有主动地和上司一起讨论工作问题?你有没有积极地和同事分工合作,实现最大的资源优化?我们都了解现在的时代是一个合作的时代,相互了解,相互合作,才可以在最短的时间里完成更多有效的任务。

(4)自我总结并向高效能人士学习

不要盲目地低头傻干,至少每月做一个工作总结,看看本月的工作量和工作效率是否得到上司的满意;看看周围同样忙碌的同事,是否在相同的时间里比自己完成了更多的业绩;通过了解自己的缺点和优点,做好下一个月的工作计划,争取在下一个月中,工作更上一层楼。

【优秀员工箴言】

跟穷忙、瞎忙说再见,在有限的生命中抓紧每分每秒,迅速高效地完成我们要做的事,才能够在竞争激烈的职场中有所发展。只有高效地工作,才能使老板越来越器重你,才有机会学到更多的知识、积累更多的经验。

第六章

积极合作，优秀的团队才会有优秀的员工

合作是优秀员工生存的第一法则。在工作中，大部分的工作任务都是需要通过合作来完成的。于是，与同事和上司合作就成为职场工作的重要内容之一。只有与同事和上司搞好合作，才能成就自己的优秀。

1.

单枪匹马无异于自断筋脉，团队合作让你站得更高

今天我们生活的世界是一个共赢、合作的世界。作为一名员工，单凭一个人的力量是不可能完成一个有规模的项目的。公司的利益包含着每个参与者的利益，没有哪个员工的利益是可以与公司脱节的。因此个人要想获得更多的利益必须建立在团队获得利益的基础上，而这就需要每个员工具有团队精神，以团队为荣，不要做一个脱离团队的离群主义者。

团队和个人的关系就好比水和鱼的关系。每个人都是鱼，而我们的团队就是水。鱼是离不开水的，无论我们从事怎样的工作，其实都处在一个团队当中。只有这个团队中每一个人各司其职，才使得我们的努力可以获得收益。

在工作中，忽视团队合作的人将自我的发展当成工作的唯一目标，在工作中喜欢表现自己，这样常常会忽视周围其他同事的才能或感受，常会出现与其他同事步调不一致的现象，最终将自己置于痛苦之中。

王刚是一家外企的中层管理人员，工作一直很努力，经常加班。按道理说他应该获得上司的赏识和同事的待见，事实上结果却恰恰相反。上司看到他就会习惯性地皱眉叹气，同事对他也是客气疏远。为了缓和关系他有时会特意与同事套近乎，但是迎来的却是同事冷嘲热讽的话语。王刚心里极其压抑，他不明白自己到底做错了什么，难道努力工作也有错吗？

对此，王刚百思不得其解，于是就找他的同学聊天，同学听完他的诉说，向王刚问了三个问题：第一，你是不是太过努力，无意中让周围的同事显得特别懒惰；第二，你是否总会一个人将那些应该和别人合作的事情大包大揽；第三，做事情是否太锋芒毕露，挤掉了其他人的表现机会。

王刚想了想，好像在过去的这些时间中，自己的确遇到过这三种情况。

王刚将自己满腔的热情都投入到工作之中，以为只要埋头苦干就可以获得上司的赏识和同事的待见，然而却得到了相反的效果，这正是他忽视与他人合作的结果。

职场是个集体场所，每个人的力量是十分有限的，要完成工作任务，需要职场人士保持一致的合作步调。一个人如果不顾及他人的步调只顾自己埋头向前，不顾及与其他同事之间的相互融合，就必定会被其他同事排挤，使自己处处碰壁，从而使自己陷入痛苦之中，永远成不了优秀员工。

职场合作如此重要，那么要重视与团队成员的合作，应该从哪几个方面去做呢？

(1)做事情多顾及他人

在职场中，公司是一个综合体系，所以，在处理事情时一定要从大局出发，多多顾及其他人的利益和想法。努力工作当然没错，但最好还是把本职工作做好，没必要将同事的工作大包大揽，显得其他同事太过懒散。另外，也不要太过于锋芒毕露，多给周围其他同事些机会，或者用自身的才能带领其他同事努力表现，大家共同提高了，自己才能在更为融洽的工作氛围中更上一层楼。

(2)不要带着情绪处理事情

身在职场，一定要将事情与自身的情绪区分开来，不要带着情绪去处理事情。当发现周围的合作者有情绪时，不妨先与大家沟通找出大家共同的关注点，当众人的观点达成一致后，大家对你的看法和情绪就会平和许多。

(3)认清事实，分清等级关系

在职场中，一定要分清等级关系，不要居功自傲，一旦出现功高盖主的情况是十分危险的。身处公司的团队中，要想获得提升，最好的办法就是帮助领导成功，同时也要帮助同事取得进步。

从现在开始，培养自己的团队合作能力，使自己在团队中工作得更顺利、更美好。

【优秀员工箴言】

现在是竞争的时代，也是合作的时代。如果在职场中，你不注重团队合作，那么你就会被职场所淘汰。一个员工只有有了团队的概念才能顺利地进行团队合作。现实告诉我们，现在不是单枪匹马的时代了，如果你总是孤注一掷的话，那么，最后你就会被所有团队成员所抛弃。

2．团队不需要个人英雄主义，拒绝做职场“独行侠”

要想一滴水不干涸，唯一的方法是让它融入大海。同样，一个人只有把自己和集体融合在一起才能有力量。当今社会，在任何公司里，老板都希望自己的员工有团队精神，“独行侠”式的员工，已经不会再受到人们的欢迎，因为他们虽然能力超群，但是他们不善于与人合作，很难获得长期的成功。

有这样一个很古老的故事：一个老人临终前把几个儿子叫到床前。他拿起一把筷子，一根根地折断了。接着他又拿起一把筷子，扎在一起，让几个儿子去折，没人折得动。于是他忠告儿子们说：“不论做什么事，只要你们站在一起，心往一处想，劲往一处使，就没有人会战胜你们。”

这个故事就是告诉人们：团队合作，就会产生巨大的力量。那么什么是团队呢？团队是指两个以上的人为实现某一目标所组成的正式群体。团队是由员工和管理层组成的一个共同体，为了达到共同目标，合理利用每一个成员的知识和技能协同工作,解决问题。团队不是简单的排列,不是堆积木、凑人数,更不是搭帮结伙,而是一群人为了共同目标协同合作。

一个公司如果只有人才,而没有团队精神,那么这样的公司只会是一盘散沙,人才会在此被淹没。对于一个公司而言,团队精神要比个人英雄主义重要得多,在危难来临的时候,往往能帮助公司渡过难关的是一个勇敢、坚强、合作的团队,而不是一个英雄。

如今,有许多人信仰个人英雄主义,坚持"独行侠"的作风。信仰个人英雄主义的"独行侠"应该反思一下,想一想我们是否有以下表现:

(1) 从不承认团队对自己有帮助,即使接受过帮助也认为这是团队的义务。

(2) 遇到困难喜欢单独蛮干,从不与其他同事沟通交流。

(3) 好大喜功,专做不在自己能力范围之内的事。

(4) 拥有比周围大多数同事高的学历或更深的专业知识,取得过一定的成绩,并经常以此为荣,沾沾自喜。

(5) 喜欢独来独往,在公司内没有什么朋友,平常话不多,说起话来也带着骄傲的语气。

(6) 很少参加公司的集体活动,比如会餐、旅游、娱乐等,认为和同事们在一起很无聊。

一旦上述几条中有一条或者几条和你相符的话,你就应该好好反省一下自己了。认识到自己缺乏合作精神,就要将合作精神发挥到最大值,这样才会达到双赢的效果。那么,我们应该如何做才不会成为一个"独行侠"呢?

(1)积极的参与意识

在团队中,每个成员都应该具有奉献意识,并有责任做出自己应有的贡献。在许多团体场合中,有的人喜欢让别人出头露面,而自己却静静地坐在那里,做一个消极的旁观者。这样做的结果是,你无法培养自己的社交能力,不能赢得团体中其他成员对你的尊重。所以,你首先需要排除这种消极认识,积极地参与进去。只要你能积极地参与到团体活动中去,你就与团队进行了合作。

(2)具备有效讨论的能力

这些能力包括:

①清楚表达你的观点,并提供支持的理由和根据。

②认真聆听他人的意见,努力了解他人的观点及其支撑的理由。

③直接对他人提出的观点做出回答,而不要简单地阐述你自己的观点。

④提一些相关的问题,以便全面地探究所讨论的问题,然后设法去回答问题。

⑤把注意力放在增加了解上,而不要试图不计代价地去证明自己观点的正确性。

(3)尊重团体的每一位成员

这是保证合作成功的基本准则。虽然你可能确信你比其他的参加者更有知识,但重要的是,你要让他人充分地表达自己的观点,而不要随意打断或表现出不耐烦,做到这一点对于团体正常发挥功能是很有必要的。也许在某些场合,其他成员不同意你的分析或结论,即使你确信自己是正确的,当发生这种情况时,你需要做出必要的妥协和让步。如果做不到这一点,就要接受现实,尽你所能阐述自己的观点,力争他人能够接受。

(4)鼓励他人提出多样化的观点

除了提出自己的观点外,你还应该鼓励其他成员也提出他们的观点。当他人提出自己的观点时,要做出积极和建设性的反应,不要过早地对观点做判断。

每一个向往成功的员工都应该切记:团队不需要个人英雄主义,拒绝做职场“独行侠”。

【优秀员工箴言】

慢慢学着与团队合作,你将会变成一个善于合作的人,你的能力将会大为提高,做出应有的业绩,获得上司的青睐,也会成为一名优秀员工。

3.

团结同事，处理好人际关系

卡耐基曾说过："一个人的成功，15%取决于个人技能，而85%取决于人际关系。"成功和人际关系就像机遇与才华的关系，没有机遇，再高的才华也无从施展，就好比一粒饱满的种子落到沙漠里，永远不会发芽，但是遇到肥沃的土壤，就会很快生根发芽，长成参天大树。一个人要想成功，一定要有良好的人际关系，而在公司里，这就需要你团结同事，搞好和同事之间的人际关系。

如果说公司是一个家庭，同事便是这个家庭中的成员；如果说公司是一支军队，同事便是并肩战斗的战友；如果说公司是一台机器，同事便是这台机器的一个个部件。家庭成员不和睦，日子就别想过得安稳；战友之间不团结，必然会削弱部队的战斗力；机器的某个部件出了毛病，整台机器便无法正常运转。这个简单的道理似乎人人都懂，但偏偏有一些人只顾自己争名夺利，而不顾全同事和大局，致使同事之间争斗不休，公司自然也被闹得如同一盘散沙，毫无凝聚力而言。

只有营造一种积极健康的团结氛围，使全体成员互相支持不争权、不猜疑，才能形成一个坚强、卓有成效的集体。在一个公司里，之所以有部门划分而不是规定你的工作范围，就是为了让同事之间更好地合作。

以下几点建议有助于你与同事很好地合作，从而建立良好的人际关系：

(1)不与同事争功争利

把公司的事当作自己的事的人，在工作中会以团队事业为重，把"我"字放在一边，不与同事争功，不与同事争利。优秀员工要像尊重自己一样尊重同事，始终保持善良友好的心态，更多强调团队成果，努力营造各尽所能、各得其所和和谐相处的团队环境，让身边的所有同事都能有所作为、有所收获和有所成功，并能激发他们的干劲，全身投入到为创造美好明天而进行的工作中。

认识到同事的重要性是每位团队优秀成员的基本要点，需要我们适当强调同事的主体意识和让同事感知到被尊重。只有这样，同事才会发自内心地愿意与你共事，为你排忧解难，共谋发展，整个团队才能够充分调动起每个员工的积极性、主动性和创造性，把工作成绩扩大。

一个优秀的员工，遇事要能设身处地为别人着想，能做到换位思考，见到好事要让，见到难事要上，就会得到大家的拥护和爱戴。

(2)欢迎不同的意见

听到不同意见往往是你避免重大错误的最好时机。一个人考虑问题往往不周到，这时听一下别人的不同意见，或许会起到意想不到的作用。请记住：不同的意见，恰恰是你没想到的。

(3)不要轻易相信自己的直觉

所谓直觉也就是第一感觉。当别人提出不同意见的时候，人们的第一反应是自卫，即保护自己的想法和自尊心。这种自卫常常缺乏科学性，并在同事的眼里留下个狂妄自大，气量短浅，听不得不同意见的印象，更谈不上有自我批评的精神了。

(4)控制自己的脾气

在这点上你必须明白的是：发脾气根本不能帮你解决任何问题，相反这样只能激怒对方，加剧双方的防卫和对抗。如果你和同事之间造成这种局面，是无法正常工作的，其他的就更谈不上了。

(5)先听为上

人缘关系再好的职员，在公司里都会有反对派。一旦对立派有所举动，切不可立即做出反应，而是应给反对者有个说话的机会，让他把话讲完，不要拒绝或争辩。否则，只会增加彼此沟通的障碍。只有先听，听了以后才有可能沟通，不听也就失去了沟通的基础和依据。

(6)寻找你同意的地方

当听完反对者的陈述后，要先看哪些是你同意的地方，努力去寻找共同点。有了共同语言，沟通起来也就容易多了，你和你的反对者之间就有可能达成共识，化干戈为玉帛。

(7)诚实的自我批评

当发现自己错了，就不要再掩盖自己的错误，要诚实而虚心地承认。

这样的做法，不仅可以树立起自己知错就改的强者形象，还有利于解除反对者的武装，减少他们的自卫。

(8)同意仔细考虑反对者的意见

同意是出于真心。如果有朝一日反对者对你说："我早就告诉你了，你就是不听。"那时你就难堪了。如果他说错了，你不必指责，否则，他非但不会听你的，还会被你伤了自尊心，导致人际关系更为紧张。

(9)为反对者关心你的事情而真诚地感谢他们

肯花时间表达不同意见的同事，必然和你一样对同一事情表示极大的关心，这说明你们有共同的兴趣。因此，与其把他看作"敌人"，不如看作志同道合的朋友，齐肩并进。

能熟练应用以上几点的员工，必定能够在公司里游刃有余地处理好同事关系，与同事很好地合作。

【优秀员工箴言】

在与同事之间的关系处理上，是要处处胜人一头，还是合作互助？实际上这不单是人际关系，更是道德修养问题，也是一种心理状态的变化。同事之间关系和睦融洽，积极合作，对每个人来说，都是莫大的好事，对企业的运转和创益也会产生良性影响。

4. 在合作中竞争，在竞争中合作

"与同事竞争的同时，更要合作与学习。"中国太平洋建设集团有限公司总裁严介在为一所高校演讲时这样说。职场中，不免会遇到竞争对手。对手犹如一面镜子，与之比较更能清楚地看到自己的缺点和不足，然后有目标地去改正和弥补，从而完善自己，提高自己的工作效率，做出令上司满意赞赏的业绩。

要竞争更要合作。具有合作意识的人是懂得让自己迅速适应周围环境的人,让自己在“能力优秀”的基础上再添一项“与同事友好相处,具有团队和谐精神”的声誉。这样的人无论在哪里,都能很快地融入团队,成为优秀员工的最佳人选。

说到李嘉和霍振祥,可能没有几个人知道他们。但如果再提到统一石化,那么就无人不晓了。李嘉进入石化时,与霍振祥的年龄相差 20 岁,他们是同事,但也是竞争高管的对手,更是配合默契的合作者。两人的默契合作使统一企业获得了前所未有的发展,最终李嘉成为统一的总经理,霍振祥成为董事长。他们的合作打造了如今年销售 21.5 亿元的民营润滑油王国。对于彼此来说,对方都是自己最强的竞争对手,也是最佳的合作伙伴,因为有了彼此,才圆了彼此的成功之梦。

同一个公司里的竞争对手并不是对立、水火不容的,与竞争对手合作,有很多好处,而这些好处是让你成为优秀员工的“筹码”。

(1)与竞争对手合作,让自己更突出

美国曾做出一项调查显示,有 50% 的职场成功人士认为自己的成功,离不开与竞争对手的合作。职场中,当你的竞争对手很强时,你想在短时间内脱颖而出吗?相信职场的每一人都会给出肯定的回答,那么,从此刻起,你就要学会与你的竞争对手合作,在合作中了解他们,在合作中竞争,与他们结成拍档,学习他们的方法,弥补自己的不足,这样做相信你会很快抓住上司的眼球!

(2)与竞争对手合作,一起优秀

古语有说:“近朱者赤。”在与最优秀的竞争对手合作时,你会不知不觉地吸收对方身上的优秀特质,从而使自己变得越来越优秀。

新丰电子公司来了一位新员工——刚大学毕业的陈畅。负责带陈畅的是公司的老员工张小燕。

在熟悉公司业务阶段,小燕很仔细地向陈畅介绍了公司的产品、产品生产流程等,并很快地把陈畅介绍给公司的其他同事认识。小燕的热情让陈畅很感动,很快,刚毕业的陈畅就熟练地开始正式工作了。

工作中遇到困难时，陈畅总是会第一个去问小燕，每天上司分配任务时，陈畅也会争着和小燕一组说："小燕姐，我们一组，我们一起合作这个，你负责……我负责……"由于小燕的经验丰富，人际关系处理非常好，加上陈畅过硬的专业知识，这样的"珠联璧合"为公司做出了不少骄人的成绩。

几个月后，公司传出一个消息，陈畅和小燕所在的营销部要提升一个主管，而她俩的业绩最好，也是最佳的人选。陈畅和小燕听到这个消息后不以为然，仍然像以前一样尽心地合作。小燕帮陈畅掌握了公司所有的工作流程和产品流程，而陈畅也辅导小燕考取了研究生的文凭。

在年底的总结会上，公司表扬了陈畅和小燕是公司的优秀员工，并提升小燕为营销部主管，陈畅为人力资源部主管，两人都得到了提升。

正是因为两人在合作中竞争，在竞争中合作，不仅成为公司的优秀员工，也使自己在短时间内升了职，何乐而不为呢？

告诉了大家在工作中要与竞争对手合作的道理后，下面教大家如何与公司里的竞争对手合作并相处，因为这是一门很大的学问。认认真真做好下面几点，相信你便能与你眼中最优秀的竞争对手和谐共事了。

(1)真心实意，切忌奉承

一个人是否真心实意地与他人合作，从言谈举止上就可以表现出来，所以不必过多地说一些赞美之词，更不要心怀鬼胎地假意奉承。一颗真心加脚踏实地的行为，便能赢得同事的好感与接纳，与你一起合作共赢。

(2)谦虚谨慎

与同事合作时，要懂得欣赏，学会理解，做到信任同事，而不暗地里看不起同事，更不能遇到意见不合的事情就争吵……要时刻牢记你是在与同事合作共事，在向他学习，要本着谦虚的态度与之相处。

(3)巧托会配，不可狂妄

与同事合作之初时，在某种程度上讲，同事是合作的"主角"，而自己是"配角"，因此在合作的时候，应该主动积极地配合同事的工作，做一对好拍档。何为拍档？自然是以团队为主，以共赢为目的。

不要再迟疑，也不要心存芥蒂，积极主动地与公司里的竞争对手合作吧！在合作中竞争，在竞争中合作，最后结合良好的合作关系，取得共赢。

【优秀员工箴言】

如果把自己比作"盲人"，那么你的竞争对手就是自己的"拐杖"，只有"拐杖"和"盲人"合作，才能到达理想的目的地。

5. 配合好上司，做好工作的每一个细节

所谓上司，就是你的领导人，可以管辖到你的人。在工作中，与上司之间关系的好坏对自身的发展起着十分重要的作用。要想处理好与上司的关系，首先就要懂得配合好上司，明白并做到这些，可以让你的工作进展得更为顺畅。

如何配合上司的工作并与之相处是很多职场人士面对的老大难问题。无论是对于刚步入职场的新人，还是已经在职场打拼多年的老将来说，如何配合上司的工作并与之相处是一门艺术。

那么我们应该如何配合上司呢？

(1)重视上司的权威

当上司发号施令时，员工需要配合的是表现出严肃的态度，并停止手头上的工作，保持安静，如果再专注地看着上司，显得非常重视上司的讲话，则更会让上司觉得备受尊重。在上司慷慨陈词的时候，你偷偷做小动作，就算你依然低头忙着工作，但上司看了心里依旧会不快，因为这是你不尊重上司的表现，也是不配合上司的表现。

唐宏是一所一类大学的高材生，一进公司就被公司列为重点培养对象,他对工作也充满了热情,并且做出了令人刮目相看的成绩。同事们认为,他可能是下一个得到晋升机会的人。

经理给唐宏安排工作任务,让他做一份统计表。这个工作一般是另一个同事做的,但那人请假了。唐宏认为,这样无关紧要的工作,怎么也轮不到让他去做,便满不在乎地说:"我以为是什么技术难题呢!等我忙完手头上的活再干吧!"于是他勉强地接受了任务,但是并没有立即着手去做,后来经理催了几次,他才把表格草草完成。

在整个过程中,唐宏发现经理始终阴着脸,但他并没有意识到自己的行为让经理感到极不受尊重,把经理得罪了。

年底公司人事调整,原本被看好的唐宏并没有获得晋升。

上司的每项指令都应该认真对待,无论上司让你做什么,你都应该表现出严肃、认真和谦虚的态度。即使是那些无关紧要的工作,你也需要表现出足够的重视,这会让上司感到备受尊重。不然,你的结果就像唐宏这样了。

(2)上司永远是对的

在职场流传这样一句话:"对上司的旨意理解的要执行,不理解的就在执行中理解,并在执行中完善。"上司永远是对的,不仅因为他是上司,更因为他在工作经验、工作历练和工作能力方面都更有发言权。

(3)越是在公众面前,越要对上司的权威表示重视

在公司里,员工对上司表现出适当的尊重就足够了,如见面问声好,请示汇报的口气要柔和等。如果表现过分,反而有表演之嫌,就会让人反感。在公共场合或公众面前,表现不妨夸张一些,让上司觉得更有亲和力。

(4)问候时要面带微笑,声音要清晰洪亮

在公众场合,遇见上司应立即向上司问好,一定要面带微笑,声音要清晰洪亮,而不是像在公司里那样让上司听到就行,交谈的时候你甚至可以打手势,使上司感受到你的热情。

(5)上司出丑时要替上司解围

在公众面前,上司有时不慎出丑,你不要看上司的笑话,而是要赶紧

想办法给上司解围。比如，上司讲错话，有人忍不住哄笑的时候，不要跟着笑，你可以巧妙地暗示上司，让他自行改正；如果是非正式的场合，你还可以接过上司的话头，转移听众对上司的注意力。

(6)让别人看见你对上司的尊重

在众人面前向上司表示尊重，上司感受到的效果比与你单独在一起时要强许多倍。所以你在向上司表示衷心服从时，要有意识地选择时机，让更多的人看到。

除此之外，要配合好上司，还需做到以下几点：

◎ 自动报告自己的工作进度——让上司知道

◎ 对上司的询问，有问必答，并且清楚——让上司放心

◎ 充实自己，努力学习，才能了解上司的语言——让上司轻松

◎ 接受批评，不犯两次同样的过错——让上司省心

◎ 不忙的时候，主动帮助他人——让上司有效

◎ 毫无怨言地接受任务——让上司满意

◎ 对自己的业务，主动提出改善计划——让上司进步

在职场上我们可能是公司里一个小小的职员，每天处理的是繁琐的小事，每天面对的是服从、听命和配合。我们不能按自己的想法来决定实施某个方案，不能完全自主地解决工作中遇到的诸多问题……总之，我们会有渺小感，觉得自己是个可有可无的小配角。实际上并不如此，就像戏剧里的配角一样，我们的工作虽小，却是一个公司正常运作的基础。公司里的每一个岗位，都是与其他岗位相联系的，如果一个环节出了问题，其他环节也会受到影响。另外，我们可以通过做小事，来锻炼自己在工作中的思维方式，培养自己与他人合作的能力，最终成长为能够独当一面的将才。

【优秀员工箴言】

上司是决定我们职场命运的关键所在。要想在职场中有所发展，就必须全力配合好上司。只有这样，我们才能在公司待下去，才有可能成长为优秀员工。

6．信任是合作的前提

信任对于任何一个团队来说，都有着非常神奇的力量。它能够使团队成员和谐共处，进而积极合作，创造出惊人的业绩。你可以不相信地球是圆的，但是不可以不相信信任是团队中人与人之间团结一致向前走的动力所在。

人与人，要想合作，最基本的前提就是信任。如果员工彼此之间不信任，互相猜疑，最终只能导致合作的破裂。

小李是保险公司的销售员，可以说他这个人身上有很多优点，但是有一点不好就是疑心太重，总是不相信别人说的话。和他一起工作的小唐经常用话提点他，但他还是照旧那样疑神疑鬼的。

小李和小唐经常一起出差，本来小李的业务比小唐做得好。但是最近一段时间不知道怎么回事，小唐的业务水平一下子就上去了，这就让小李有所怀疑了。再加上这些天小唐总是进出总经理的办公室，这样更加让小李起疑心了，他总是觉得总经理和小唐的关系不一般，肯定小唐给总经理送礼了，才会帮着他做业务。小李一天到晚想着这个事，弄得饭也吃不进去，觉也睡不好，也影响了工作，业务量下降了。

小唐是一个心地宽厚的人，他知道小李的缺点，就约小李去喝酒。在吃饭时，小唐告诉小李总经理之所以叫他，是希望他多向小李学习，把业务量提上去。没想到自己的业务量上去了，小李的业务量却下去了。

小李的心结一下子就打开了。通过这件事小李觉得自己对他人太缺乏信任了，这样下去会害了自己。于是他试着改变自己，对小唐更加信任。两个人成了无话不谈的好朋友，而且两个人还配合着做业务，结果两个人的业务都越做越顺心，到了年终的时候两个人不但成了公司的优秀员工，还每人领到一个大红包。

信任是一种激励，更是一种力量。团队成员在承受压力和困惑时，要相互信任，就像荡离了秋千的空中飞人一样，必须相信在另一端有人会接住他。信任是合作的前提，为了将合作维持下去，双方都应该具有信任对方的胸襟，同时也应该采取良好的沟通手段，使对方也能信任自己。就像小李一样，因为不信任不但使自己的业务量下降，和小唐的关系也不和谐。幸亏后来自己认识到了这一点并马上改正过来了，这不，才有了后来和小唐合作得来的优秀员工。

那么，在团队中，如何才能赢得别人的信任呢？

(1)做好自己的事情

很多时候，有些人习惯于还没把自己的事情做好，就去操心别人的事情做得怎么样了。在企业中经常可以看到这样的人，他们总是说别人这里做得不好，那里做得差劲，但是如果把这项工作交给他们，他们又处理不了。作为一名员工，你应该记住这样一句话："企业需要的不是你发现问题的能力，而是你解决问题的能力。"因此，如果你希望获得别人的信任，那么就需要首先做好自己的事情，然后再去帮助别人解决问题，这样别人才会对你的能力有信心。

(2)把自己的承诺放在心上

比如，我们经常会听到一些人随口就说：我哪天请你吃饭。而实际上，这个"哪天"根本就不知道是"哪一天"。时间长了，人们就会觉得这类人言而无信，以至于远离他们，不再信任他们。所以，作为一名员工，在与团队其他成员交往时，要把自己的承诺放在心上，不要失信于人。

(3)适当表现自己

在如今这个快节奏的社会里，谁有时间单独去为你停留呢？这个世界上没有人有义务去发现你、了解你，所以，你要学会表现自己。在工作中，既然你做了，就要做好，让更多的人了解和认识你。这样在以后的工作中，他们才会相信你。

说到这里，不得不说一下，在团队里表现自己是有限度的，不要表现得太过分，更不要只说不做。在表现自己时要注意以下几点：

◎ 真诚：在与团体成员的沟通中，应该卸下伪装，做到表里如一，真实可信地投入到交流中。

◎ 不知道的事，就坦白承认：不懂装懂会让自己失掉别人的信任，让别人远离你。

◎ 言行一致：表现出来的行为是取得团队成员信任的基础，行动比语言更重要。一旦做出什么承诺，一定要努力去完成它。

◎ 用语言和行动来支持团队成员：当团队成员承担了某项任务时，向他表明自己的见解和观点，这种支持有助于建立团队成员之间的信任。

◎ 犯错后，用行动强调自己的歉意：弥补过错的行动，远比单纯的道歉更能使人感受到你强烈的责任感和诚意，会给团队成员留下很好的印象。

要想团队有很好的合作，必须要维护好团队内的人际关系。而要维护好团队内的人际关系，首先要赢得成员的信任。一个相互信任的团队，才会是一个积极合作的团队，才会是一个优秀的团队。

【优秀员工箴言】

信任产生效益，越充分的信任，就越能激发人的创造力和积极性，就越能够产生效益。团队发展的原动力有很多，信任就是重要的一个。坚守信用是成功者的制胜关键。一个人或一个团队要想赢得别人的信任，必须用大量时间持续证明你的诚意，这是一个长久经营的过程。

7. 改变“不合群”的性格：融入团队的最佳方式

在现代职场中，有这么一群人——他们只顾埋头干活，而不去关注周围的人，自然也不会受到周围人的关注，受到不公平的待遇也就是自然的了。究其原因，是他们不合群的性格造成的。

心理学家指出：不合群的症结是自己与群体不能相适应。由于与群体不适应，所以在群体活动中，他们不愿意参与，不介入，也不表达，使人很难接近。或者是在交往的时候不看交往的对象、场合，言行随意放肆，令人感到不近人情。"不合群"的人很难与团队融为一体，很少能得到别人的帮助，不能够合理地利用别人的资源优势，所以不能与团队的成员合作。

小然是上海一家广告公司的策划人员，工作能力很强，但她却是一个十分孤僻的人，不太爱说话，也从不主动与同事们亲近或合作。有时一个项目必须要求两人或几个人去合作，上司分派下来工作任务后，即便是要求她与其他同事合作完成的，她也只是埋头苦干，只管自己去做，不管别人的想法与做法。她认为两个人去完成一项工作，就是在耽搁时间。

尽管具有较强的工作能力，但是当她独自策划的项目被否定时，她就会非常失落，感到极大的压力。

看到她经常一个人辛苦地埋头苦干，上司一再让她多与合作伙伴讨论一下，多吸取一些别人的策划思想与策略，但她却不以为然，总认为自己能够把一个项目做好，而最终却不一定能做好。其实，她内心也很愿意与同事进行交流合作，但是，长时间的封闭状态，使得她根本不了解周围同事的心理与性格，说起话来总是会情不自禁地只从自己的角度出发，让周围的同事极为反感。

近来，小然觉得自己已经完全被同事们孤立了，真正成为了一个孤独的人，没有人愿意与她合作，更没有人愿意与她亲近。

在现代社会，许多工作都是需要同事之间相互配合才能完成的。但是，不善于与人沟通和交流的职场人士就不善于与人合作，他们在工作中也不能够合理地利用别人的资源优势，当然更不能融入团队。

其实，许多不善于与人交往的职场人士也想与其他同事进行融洽的合作，但是长期的封闭状态使他们不了解其他人的心理与情感，所以不能与其他同事融为一体，这样就使得他们陷于进退两难的尴尬境地。那么，该如何去应对呢？

(1)以积极的心态与别人交往

要知道，任何人都不可能替代你与其他人进行交往，只有以积极的心态来面对一切，面对周围的同事，慢慢地学会去改变自己，才能赢得大家的认可。如果你能主动向别人问好，别人也会给你回应的，你就可以体会到其中的快乐，千万不要寄希望于别人主动与你交往，这一点十分重要。

(2)夸奖和赞美他人，拉近距离

与他人交往，千万要注意肯定和认同对方，尤其是多多赞美和夸奖对方。赞美和夸奖不等于是奉承，真诚地赞美和夸奖能让双方产生共鸣，使别人更愿意与你亲近。另外，真诚的赞美他人能够体现出你在人际交往中落落大方的行事风格，也能让周围更多的人愿意接近你。

(3)学会尊重他人

要想与人拉近距离，首先要学会尊重他人，能主动为他人考虑，顾及他人的感受，这样才能得到他人的认同与接纳。在与他人合作中，有不同的意见完全可以主动地用委婉的语气去表达，这样既可以体现出你良好的修养，又可以让别人乐于接纳你的意见与建议，你能够主动去尊重他人，他们又何尝会怠慢你呢？

在一个团队中，情商很重要，也是很简单的，重要的是改变自己“不合群”的性格，一方面千万要顾及他人，别把自己从整体中孤立起来；另一方面要管理好自己的性格。这样你才能够融入到团队中。

【优秀员工箴言】

合作是员工生存艺术的第一法则。在工作中，大部分的工作都是需要通过“合作”来完成的。于是，我们要想很快融入到团队中去，最佳方式就是改变“不合群”的性格，与同事和上司之间积极合作，这样既能减轻工作压力，又能让自己有个好心情。

8. 积极参加公司举办的各项活动，这就是团队精神

公司常常会举办一些活动，其目的在于让公司的全体员工都能参与进来，增进员工之间的交流。因此，参加公司的活动，从某种意义上说就是一种团体精神的表现。要想在公司长久地发展下去，要想和同事和谐共处，要想成长为一名优秀员工，你就必须积极参加公司举办的各项活动。

一个公司就是一个团队，公司是否能维持下去，要依靠着公司员工之间和睦相处、团结互助。通用电气的 CEO 在谈到团队精神时，打了个比方："一滴蜂蜜比一加仑胆汁能捉住更多的苍蝇。"由此可见，如今虽然领导日益重视员工的能力和才干，但是一个具备团队精神的员工显然更能受到上司的青睐。

大多数职场人士认为，把团队精神融入到工作中，在工作岗位上认真地工作，把自己该做的工作尽力做好，从而向上司来展示自己的团队精神。诚然，这样的员工是称职的，但却容易落入"默默无闻"的队伍。换个角度想一想：既然你具备团队精神，为什么不适时地展示给上司看呢？

如果懂得抓住工作之外的"机会"，以别样的方式来向上司展示自己的团队精神，岂不是更有效果？而这难得的机会就是积极参加公司举办的大大小小的活动。公司举办活动的目的是为了让公司上下员工都投入到愉快的氛围中去，或互相交流心得，或展示自己工作之外的才能……身为员工的你可以趁此机会向上司展示你的才能，让他记住你。当然，你还要在上司、同事、合作伙伴和合作客户云集的活动现场适时地抓住机会，以展示你对上司的忠诚和你内心的团队精神。

章力是一家公司的员工，与所有的人一样，他也渴望在短时间内能够做出成绩，得到同事和上司的认可。

在年末，公司为拓展业务举办了一次活动。在活动中，章力积极地穿梭于每个客户之中，他应对如流的口才和热情的微笑深深打动着每一个和他交谈的客户。在一个与公司只有过一次业务的大客户张经理面前，章力更是卖力，以自己的口才取得了对方的信任。

等到时机成熟时，章力诚恳地说："上次的合作，我们公司和您合作得非常愉快，不知道还有没有下次合作的机会？"

张经理说："我们正准备订一批货送到非洲去。"

章力忙说："那就和我们合作吧，我们会让您完全放心的……"

就这样，在这次活动中，章力不仅向所有人展示了自己的才能，还为公司赢得了一份合同。次年，章力就得到了提升。

记得西方有位著名的哲学家说过："只有人才是真正的最合群的动物，不合群的人不是圣人就是野兽。"章力就是知道这一点，积极参加公司的活动，不仅用自己的才华打动了客户，同时还得到了提升。

那么在职场上，我们该如何在公司的活动中体现团队精神呢？

(1)放低姿态，和别人站在同一线上

职场上，高低无所不在。参加活动时，我们要做的就是拉小这些高低的差距，将自己放在和别人同等的位置上，甚至还可以把自己放在比别人更低的位置上。这样做的目的是不招致别人的嫉妒和打击。特别是在自己有"得意"之处时，更应该注意这一点，无论是在言行上，还是在其他方面，都要做到低调，低调，再低调。

(2)尽量减少自己和同事之间的摩擦

参加公司活动时，我们必须减少和同事之间的摩擦，把与团队成员之间的摩擦降至最低，这是为了积聚能量，走得更远。记住，这不仅仅是一种处世的智慧，还是一种生存的智慧。

从现在开始，积极参加公司的活动，在活动中体现自己的团队精神，这将是你成长为优秀员工的必经之路。

【优秀员工箴言】

团队是一种精神，也是一种力量，更是现代社会中不可缺少的一部分。

第七章

取长补短，才能让自己更优秀

一名员工只有取长补短，欣赏他人，配合他人，才能发挥出自己的优势。

1. 共同进步，同事之间并不是对立的

对于一名员工来说，晋升和加薪几乎是永远追求的梦想。但是，晋升和加薪的好运只会落到那些成绩出色、工作努力的员工头上。谁能成为同事中的佼佼者，谁才能成为公司领导青睐的对象。

在一个竞争的时代，谋求个人利益是天经地义的。但是，遗憾的是很多人没有认识到同事之间并不是对立的，而是相辅相成的，从而展开了“你死我活”的残酷竞争。尽管竞争是残酷的，但并非指竞争就意味着“你死我活”，更不应该是“同归于尽”的结局。

现代竞争应该是互相促进、互相补充的。同事之间有竞争，但同事之间并不是一种对立的关系。在竞争中，每一名员工都要做到取长补短，共同进步。

(1)协助同事做好工作

在现代社会，同事之间的竞争虽然有时很激烈，但要想在竞争中站稳脚跟并获得老板的赏识，就必须与同事建立良好的人际关系。而良好的人际关系的基础就是在做好自己工作的同时协助同事做好工作。一个有能力的人在平时会非常注意人际关系，因为他需要能够与自己相互配合、取长补短和共同进步的人。只有在工作中表现自我，才能与能力强的人相互敬佩、惺惺相惜，才能够给自己创造机会。

(2)乐于从老同事那里吸取经验

那些先来的同事，相对来说会积累更多的经验，有机会不妨聆听他们的见解，从他们的成败得失里寻找可以借鉴的地方，这样不仅可以帮助你少走弯路，更会让他们感到你对他们的尊重。尤其是那些资历比你深，但其他方面比你弱一些的同事，会有更多的感动，而那些能力强的同事，则会认为你善于进取，便会乐于关照并提携你。我们也常常会看到这样的反例，有些人能力强，可在公司里自视甚高，不买那些老同事的账，弄得老同事很反感，而这些老同事毕竟根基深厚，方方面面都会考虑他们的意见，结果关键时候那些自傲的人会因此受挫，这不得不引起我们的重视。

(3)对新同事提供善意的帮助

新到的同事对手头的工作还不熟悉，当然很想得到大家的指点，但是心有怯意，不好意思向人请教。这时，我们最好主动去关心和帮助他们，在他们最需要得到帮助之时，伸出援助之手，往往会让他们铭记终生，打心眼里深深地感激你，并且会在今后的工作中更主动地配合和帮助你。切忌自以为是，不把新同事放在眼里，在工作中不尊重他们的意见，甚至斥责他们，这些做法都会伤害对方，从而使他们对你产生厌恶感。

(4)拥有一颗宽容心

与同事争个你死我活其实并没有什么意义，大家在同一个公司里工作，平时低头不见抬头见，胜败分得太明了反而不利于双方的关系协调。所以，试着让自己宽容地去理解别人，这样无论胜败你都是“赢家”。

行政部经理在离职之前，向公司推荐周海代替自己的职务，但最终坐在这个位置上的人却是刁君杰。有人为周海感到不平，毕竟，刁君杰无论从资历还是从水平上都比不上他。周海便笑着说：“其实刁君杰有许多优点，比如他活泼好学、聪明伶俐。”大家对周海都另眼相看，一致认为他是个宽容大度的人。在年底的评优会上，大家都把“优秀员工”的票投给了他。

所以，理解包容自己的同事，看淡结果的得与失，那么你的心会因这份公平而充满宁静与宽容。这样，在面对同事的时候，你也可以微笑着迎接挑战。胜利了，固然辉煌；失败了，同样美丽。这世界本来就有许多要操心的事情，我们再去斤斤计较别人的利益得失，心态就更不会平静了。

【优秀员工箴言】

同事之间正确的竞争心态是：既要竭力争取自己的利益，又不能忘记大家的利益；既要自己做得好一点，又不能让别人难堪；既要努力达到自己的目的，又要学会宽容、妥协和让步。

2. 配合同事，自己也受益

综观那些不成功的员工，他们除了在能力等方面因素的欠缺之外，还有一个非常重要的问题：与同事之间不懂得配合，甚至相互拆台，甚至引起内讧。出现这种情况不仅对公司无益，对自己也无益。

林娜刚进公司时，和多数人一样，有干劲，有理想，骨子里还有点清高，特立独行，总是喜欢一个人做事。即便是做一个大的项目，她也很少寻求同事的帮忙。当然，她也不会主动去配合同事做好一些事情。

几个月过去了，别的同事都在相互配合中轻轻松松地做了好几个大项目，只有林娜似乎还在为一个项目单打独斗，并且做得还很累。在季度总结大会上，老板对林娜进行了批评，并且开导她要善于和同事配合。

林娜也发现了问题所在，她意识到再这样下去，问题可能会更严重。最终她按照老板的要求，开始主动和同事配合，有事没事总和同事一起探讨业务，也开始主动帮助同事，为同事分忧解难……最后，她的付出也换来了丰厚的回报：在第二季度中，林娜的业绩是前一个季度的两倍。

这下子林娜明白了配合的重要性，在以后的工作中，这方面就做得更好了。现在的林娜不仅成了一位性格开朗的人，而且无论在公司还是在客户方面，都能以“配合”来严格要求自己，因为她知道，配合同事，自己也受益。

我们和同事的关系就好比乘客与交通工具的关系一样，同事进则自己进，这也就意味着配合同事就等于帮自己的忙。那么，在日常工作中如何做才能配合好自己的同事呢？

(1)善于帮助同事，贡献自己的力量

职场上的那些成功人士都有一个明显、共同的特征——不怕事。这种特征主要表现在帮助同事解决难题。可能很多员工觉得帮助同事就是让对手强，其实不然，在帮助同事的过程中，我们也能学习到很多的技能，积累到很多的经验，有利于自己取长补短。

(2)为同事行个方便

对于配合，我们最直观的理解就是在别人需要的时候，能行个方便。比如同事需要见一个大客户，却没有时间准备合同的时候，你不妨将自己准备好的合同样本提供给他。不要小看这些“方便”，它们可以促使你很快走向成功。

(3)摆正心态，善于和同事讨论工作

我们应该时常检查自己，反省自己，比如态度还是不是那么冷漠，言辞还是不是那么犀利。公司运作需要成员在一起不断地讨论，如果心态没有摆正 ，就会产生不好的影响。比如，如果我们固执己见，无法听取他人的意见，或无法和他人达成一致，公司的工作就无法进行下去。

(4)给予同事支持和认可

在同事需要得到我们的支持和认可的时候，不要吝啬肯定对方的一句话，即便对方有什么地方做得不是很好，也不要明着去反对对方，在肯定对方之后，可以以建议的方式提出自己的方法，引导对方去改变。这样，就会使大家觉得，你不仅是他们的好同事，还是他们的好朋友。

(5)别因骄傲自大而伤害同事

不管是谁都不喜欢骄傲自大的人，这种人在团队中也只能被其他人排斥。我们也许会觉得自己在某一方面比别人强，但更应该将自己的注意力放在别人的强项上，只有这样，才会发现自己的浅薄和无知。老板选择某一个人加入团队必有他的道理，团队中的任何一位成员都可能是某方面的行家，你只有保持足够的谦虚，才不会摔跟头。

【优秀员工箴言】

配合同事，既能体现自己的合作精神，又能使自己取长补短，最终受益的是我们自己。

3. 不要总是指责别人，多从自己身上找原因

工作并不总是一帆风顺，难免会出现差错，如果出现的差错同时牵连到其他同事，你会怎么做呢？是把责任推到他人身上还是从自己身上找原因？恐怕大多数人的本能反应就是立刻撇清自己，最后的结果又是怎么样？先来看下面这个故事。

张娇和胡芳是公司人事部的员工，而且还是工作搭档，两个人工作能力都很强。之前她们在不同的部门，由于各自出色的表现，公司就决定把她们调到了同一个部门。可她们俩做搭档之后，在工作上的表现却不怎么理想，甚至还会出现相互攻击指责的现象。

一次，两个人共同负责完成一份人事报表，由于这事关系到年终发奖金，公司非常重视，所以就把这个报表交给了工作能力最强的张娇和胡芳，让她们全权处理。在接到这项重任后，张娇和胡芳也都充满了干劲，对这个报表都很认真。可是，两人有不同的制作方法，却无法达成一致，对对方的方法都只是指责与不满。结果，期限到了，她们的报表还没有结果，彼此看到的都只是对方的纰漏和不足，相互指责的结果最终使得报表没有如期上交。后来，上司把这个报表交给其他人去做，张娇和胡芳也被降职并且扣除了年度奖金。

一名优秀的员工要善于从自己身上找原因，无论做什么事情，都会先问问自己：为什么会发生这些问题？只有多从自身上找原因，并且反思可能做错的行为，才会顺利解决工作中出现的问题，才不会出现像张娇和胡芳这样的结果。相反，指责只会让你走入误区，成为它的“牺牲品”。

出现了问题多从自己身上找根源，不仅是一种良好的职业道德，而且还是非常好的工作方法，因为指责只会令问题越来越多。

(1)指责会让问题复杂化。有时候，工作出现失误并非个人能力差，而是在遇到问题时没有从自身找原因，一味责怪他人，更有甚者为了夸大他人的过错，从心理上就将问题放大，使之复杂化，即使日后有心修正，也会因畏惧反感而无从下手。

(2)找到根本原因是彻底解决问题的方法，它会指引你的行为沿着正确的方向前进，指引你将精力、时间和资源用在关键点上，从而使问题在最短的时间内得到解决。而指责别人，眼睛只看到别人的错误，往往会忽视问题的根本原因，结果必然错过解决问题的最佳时机。

(3)指责是一种狭隘的做法，它只会制造分裂，给自己制造敌人。当你在指责别人的时候，尽管有时有理有据，却可能伤害到对方的自尊心。出于本能，对方一定会执意强辩，为自己的行为寻找借口，并且随时找寻反击机会。

既然认识到指责有如此多的坏处，下面就应该学会如何多从自己身上找原因了？

(1)学会正确看待他人的错误

总是盯着他人的错误，是一名员工最大的失误。面对过分的指责或批评，对方不会感到内疚，反而会心生怨恨，产生对抗情绪，用更加粗暴的语言和态度来反驳批评。在工作中，宽容比指责更能引起对方的共鸣，在指出对方错误的同时别忘了肯定他人的功绩，懂得顾全对方的面子，能够使沟通更有成效，对找出自身问题也有一定的帮助。

(2)树立共赢观与换位观

共赢观是一种真正的集体主义，在工作中学会宽容，就等于消灭了敌人。美国第十六任总统林肯在面对议员的疑惑时就曾这样说道：“当我的竞争对手变成我的朋友时，那么不是正在消灭我的敌人吗？”换位观是指当出现问题后，将自己与对方所处的位置交换一下，思考自己如果处在相同的位置上是否会犯同样的错误，这个错误能否避免。通过换位思考，可以理解对方的感受，从行为中找出一定的合理性，避免自己日后出现相同或者类似的错误。

工作中发生了过失，即使你真的没有责任，全部是同事的过错，也千万不要为了表现自己而指责你的同事。在这个时候，你更应该向同事伸出援助之手，温和地提出建议，或者挺身而出帮同事解决问题。这样不仅会赢得同事对你的好感，也会让自己取长补短。

【优秀员工箴言】

金无足赤，人无完人。每个人都会犯错，关键要看他面对过错时的态度。要想成为一位优秀的员工，千万切记一点：不要总是指责别人，多从自身上找原因。

4. 学习别人的优点，弥补自己的不足

"你有一个苹果，我有一个苹果，交换后彼此依旧只拥有一个苹果；但是你有一种能力，我有一种能力，互相交换后彼此就具备了两种能力。"不要耻于向同事学习，懂得取人之长，补己之短，你的能力才会不断提高，受到上司的赏识，从而成长为一名优秀员工。

职场中有不少人有这样的心态："我和同事是在同一个级别，我若向他学习，岂不是向他表明我的能力比不上他吗？他如果诚心诚意地教我也罢，若假托也不知道，背地里还把我要向他学习的事告诉别人，这样一来，我的弱点不就暴露在大家面前了吗？"

其实，这样的担心不是没有道理的。毕竟这是一个竞争的社会，而且中国还有一个才能观念——教会徒弟饿死师傅。饭碗就那么多，一个职位有时会有几十乃至上百人去争，多一个技能就会多一个优势，对于比你优秀的同事，可以采取巧妙的办法把他的长处学到手。比如同他一起去吃午饭，增进感情，在聊天中获取经验。

你也可以这样想，既然已经知道自己的弱项就应该及时地学习弥补，让弱项变成强项。当你的能力提高了，别人还有理由嘲笑你吗？如果你始终不愿意向同事学习，那么就等于你在拒绝进步。你不进步，自然会有人追到你前面去，到时候获得上司青睐，得到晋升机会的人就不是你了。当然，优秀员工你更是做不了了。

一家外贸公司翻译部有两个人，一个是日语翻译，一个是英语翻译。这两个人都是从外国留学回来，风华正茂，在公司领导眼里，这两位都是未来管理人员的人选。对此，两人心照不宣，在工作上暗暗较劲，你追我赶。

公司里的业务大多是日商，所以日语翻译的人工作很忙，在公开场合露面的机会越来越多。而英语翻译的人在帮助打理日商的工作时因语言不通，常常要去请教日语翻译。一时间，日语翻译在公司的影响力远远高于英语翻译。

英语翻译则坐不住了，心想：这样下去自己肯定处于劣势，会失去很多的晋升机会。于是，他决定暗暗学习日语，准备超越对手。

经过几年的学习，他拿到了日语等级证书。他开始尝试着与日商进行会话。一次，他在翻译一份英语合同时，把关键词给翻译错了，给公司造成了10万美元的损失。公司董事长震怒，当然，他也失去了提升的机会。

后来他经过反省，发现自己这几年只顾着学日语，没有温习英语词汇。他不但在自己的专业领域中败下阵来，而且他的日语再怎么学，也无法达到翻译的水平，想到这里他后悔莫及。

一个人想击败对手，往往会忘了自己的优势，却沿着对手的思路进行思考，照搬照抄别人的做法。但是，一个走“抄袭”道的人是根本无法进入别人最为熟悉也最有优势的领域的。这个英语翻译就是一个很好的例子。那么,在工作中我们应该如何取人之长,补己之短呢?

(1)在飞速发展的时代,脚踏实地地走自己的路

快点,再快点,时代呼唤我们加快发展的步伐,当你马不停蹄的时候,问问大家都去哪?为什么这么匆忙?许多人因为从众心理,随大流去贷款而栽了跟头,列入了房奴的行列。如果在贷款之前,仔细分析自己的实际情况,并加以权衡,抛弃自己的从众心理,就不会出现类似的失误。

坚持自己的步伐,拥有自己的主见,即使在飞速发展的时代,仍要有自己的判断力,不要因为速度过快而打乱了自己的思路。脚踏实地地走自己的路,在快速发展的情况下也要有自己的主见,取长补短。

(2)当大家都在为头衔而努力的时候,要有真才实学

每个人都想成为有成就的人,但成就不是一天就可以形成的,不是一次努力就可以获得的。要想有所成就,就应当付出努力。一个人想成为小说巨匠,却不愿意花时间去琢磨字句,还有些人梦想成为百万富翁,却吝啬于付出百万富翁所付出的努力。在大家都关注头衔的时候,你要想看到迈向成功的台阶,就要有真才实学,才能通向成功。

(3)在吵闹的时候,轻声细语保持实力

在吵闹的环境中,安静是一种对比,更容易获得关注。嘈杂的环境下,应当轻声细语,保存实力。在工作与生活中,应当取长补短,平静地接受新知识。

(4)学会与人交流

取长补短应当学会交流,因为只有在交流中才能学到别人的长处,更好地工作。在与他人沟通的过程中,可以发现他人的长处,弥补自己的不足,同时,也可以看到一些解决不足问题的方法。

(5)为自己的目标努力

清单上显示需要完成的任务,不如列明你完成任务的原因,并指引你前进。接下来,树立你的信念,跟随自己的想法做好每一个细节为自己的目标努力。

【优秀员工箴言】

身在职场,不管你的能力有多强,人脉有多广,有道是“人无完人”,每个人都有自己的缺点和不足,这时要懂得向同事学习,学习别人的优点,

弥补自己的不足。而不应该不懂装懂，认为向其他同事“示弱求助”是一件很羞耻的事情。

5．尊重彼此间的差异，发挥各自的优势

只有在充分尊重差异的前提下，才有真正意义上的团队，才有真正意义上的优秀员工。一个公司，没有了差异，就会是一潭死水，毫无生机，只能慢慢地走向保守，走向没落。而尊重差异，利用好这些差异，就能够使团体具有不竭的生命源泉。

每一个员工都是团队中的一员，尊重多样性，尊重彼此间的差异。公司中的每一个成员都具有其独特的一面，只有合理分工，发挥各自的优势，才能产生最大的能量，创造出更大的价值。

21世纪是知识经济的时代，随着科学知识向纵深方向发展，社会分工越来越细，发挥各自的优势也越来越重要。人们不可能都成为百科全书式的人物，总会有这方面或者那方面的缺陷。每个人都需要借助他人的力量才能实现自己人生的超越，于是也充满了取长补短的快乐，这个世界充满了挑战。只有学会取长补短，才能使自己的工作向前，再向前。

在公司里，每一个员工都应该对自己的优势有明确的认识。在公司中，团队的分工更多的是对各个成员性格、才智和能力进行比较后产生的结果。你可能在这方面存在优势，但是在另一方面你的优势没有另一个人明显，这时候，你就要学习别人的优势来弥补自己的不足。

曾经有两位饥饿的人得到一位长者的恩赐：一根鱼竿和一篓鲜活肥大的鱼。其中一个人要了那篓鱼，另一个人要了那根鱼竿，然后他们分道扬镳。

得到鱼的人走了一段路后就用干柴搭起篝火烤起了鱼，他狼吞虎咽，还没有品出鲜鱼的肉香，转瞬间，鱼就被他吃了个精光。不久，他便饿死在了空空的鱼篓旁。

另一个人则提着鱼竿继续忍饥挨饿，一步步艰难地向海边走去。可当他已经看到不远处蔚蓝的大海时，他的最后一点儿力气也用完了，他也只能眼睁睁带着无尽的遗憾撒手而去。

又有两个饥饿的人，他们同样得到了长者恩赐的一根鱼竿和一篓鱼，只是他们并没有各奔东西，而是商定共同去寻找大海。他俩每次只烤一条鱼，经过长途跋涉，他们来到了海边。

从此，两人开始了以捕鱼为生的日子。几年后，他们盖起了房子，有了各自的家庭，有了自己的渔船，过上了幸福安康的生活。

在公司里，每一个员工都有不同的技能，这些有不同技能的人构成了公司的总体价值，这正如有人有鱼竿有人有鱼一样。每个人的职责是不一样的，擅长的专业也是不一样的，分开来各自为战，都不会做成什么大事，而只有组合在一起，才能长短互补，共同完成任务。

对于公司来说，每一个成员都是公司前进不可或缺的推动力量。公司中的每一个成员都需要认清别人的长处和自己的短处，取长补短，虚心与人合作。

(1)善于看到他人之长

有个公式是这样的：I＋We＝Fully I。这个公式的意思是：一个人只有把自己融入到集体中，才能最大限度地实现个人价值，完善自己的人生。工作中任何成绩的取得都是与他人合作的结果。表面上看起来这并不难做到，但实际上要从内心深处欣赏他人并不容易。很多时候，我们只看到别人的错误和缺点，而对他人的优点却视而不见。显然，这种行为是很难让我们成长的。因此，要想成长为优秀员工，我们就必须抛弃这种行为，了解他人的长处并多加赞美，而不是揪住他人的缺点不放。

在公司中，每个人都会有长处和短处，只关注他人的缺点很容易导致团队成员间的矛盾，从而破坏自己与同事之间的和谐关系。只有采用欣赏的态度，对于他人的长处大声赞美，对于他人的缺点以诚恳的态度进行私下交谈，这样才能很好地学习别人的长处。

(2)要看清自己的位置

有一天，一个男孩问迪斯尼公司的创办人沃尔特："是你画的米老鼠吗?"

"不，不是我。"沃尔特说。

"那么你负责想所有的笑话和点子吗?"

"没有，我不做这些。"

最后，男孩追问："迪斯尼先生，你到底都做些什么啊?"

沃尔特笑了笑，回答说："有时我把自己当作一只小蜜蜂，从片厂一角飞到另一角，搜集花粉，给每个人打打气。我猜，这就是我的工作。"

沃尔特对自己在公司中的位置非常清楚——自己在公司中处于核心地位，自己最重要的工作就是激励公司成员不断努力。一个好的团队就像一部设计精密的机器，每个成员都有自己独特的定位，都有自己最主要的工作。只有每一位员工认清自己的位置，明白自己的主要任务，公司这部机器才能正常运转。若对自己的位置认识不清，看不清工作的重点，公司就会变得一团糟。因此，在加入一个公司之后，我们应该做的第一件事不是翻阅文件，承接任务，而是做好自己的定位，找准自己的位置。

【优秀员工箴言】

作为员工，你有你的思维、技能和优势，你的同事也是一样。公司中的每一个员工都有差异，只有尊重这些差异，发挥出各自的优势，才能产生最大的能量，让自己成长为一名优秀的员工。

6. 认真寻找自身不足，并及时改进

俗话说："金无足赤，人无完人。"在工作时应扬长避短，发挥自己的长处，但在现实工作中，有的人过于看重自己的优点，对缺点却视而不见，职场上最忌这种行为。

所谓扬长避短，"长"是指长处、优点；"短"是指短处、缺点。对自己的长处和短处要看得准，分得清，不能凭借主观偏见夸大长处，忽视短处，二者缺一不可。对于大部分员工来说，找到自身不足比发掘优点似乎更难一些，那么我们怎样才能准确地抓住自身问题的实质呢？

(1)从多个角度寻找自身不足

一个人的不足之处不可能集中在某一方面，这就要求员工能全方位准确地把握自己。

①从工作态度上寻找不足。真正让你在职场如鱼得水，获得成绩的关键，其实是工作态度。不少员工只重视工作能力，对工作态度毫不重视，整日怨天尤人。这样的人，即使工作能力再强，也很难得到上司的信任和重用，一旦有了能力相似的员工，上司将会毫不犹豫地将其替换。因此，在工作中应该坚持"态度至上"的工作法则。

②从工作效率上寻找不足。一直以来，很多公司只注重节省人力成本，而忽视员工的工作效率，使员工也对工作效率不重视，结果不仅公司要为效率低而导致的浪费和损失"埋单"，员工本人也在不知不觉中落后于他人，失去了与他人竞争的能力。

③从工作质量上寻找自身不足。工作质量是保证一切质量的前提，工作质量一旦出现问题，其他环节就会像多米诺骨牌一样接二连三出现问题，导致全盘皆输。

④从工作方法上寻找自身不足。使用工作方法的目的就是为了解决工作中的问题，顺利展开工作，达到解决问题，实现目标的效果。为了缩

短这一过程，达到预期目标，选择好方法至关重要。一旦方法选错，不仅会浪费大量的时间和资源，还会在竞争中失去先机。

(2)深度寻找自身不足

深度寻找自身不足就是在寻找不足时，应当深入看到问题的本质，深刻分析自己的不足，从而找到正确的改善方式或解决方法，避免走弯路，达到事半功倍的效果。深入寻找不足对于经验丰富的员工来说不是难事，但对于阅历尚浅的员工来说，又应当如何把握呢？

①对不足应当有一个明确的概念，先弄清什么是工作方面的不足。这个概念不是主观认定的，而应当有一个公认的标准答案。

②向自己提出问题，引出对产生不足的原因的追溯，并沿着这个方向一直提出问题，直到确实无法再找到其他分支。

④用他人工作的例子来比照自己思考的问题，再用自己失误的例子作为对观点的验证，最后得出结论。

(3)及时改善

对于及时改善，给出以下四点意见：

①关注自己的核心竞争力，找出自己的长处对抗短处，在适当地方发挥自己的优势。

②成为复合型人才，它包括三个方面：一是知识；二是经验；三是能力。西门子公司人事部经理指出："知识包括专业理论知识和商务知识、市场知识；经验包括本专业领域的实际经验、项目经验、领导经验、跨文化经验；能力指四大方面的能力，一是推动能力，二是专注能力，三是影响力，四是指导能力。"

③给自己一个信念，对自己从事的工作具有自豪感。一个人只有信心百倍地做自己喜欢的事情，才不会被前进道路上的障碍吓倒，才能稳步前进。

④照此方法认真寻找自身不足，及时改善，才能让自己更优秀，明天更美好。

【优秀员工箴言】

员工在发现、寻找到自身的不足后，要以最快的速度加以解决。否则，不仅会浪费时间，自己的不足依然存在，并可能因为解决不及时而使其加剧恶化。

7.

谦虚理性，对别人的意见要认真对待

谦虚理性是一种良好的学习态度。谦虚，就是要求员工在工作中和为人处世上做到谦虚，不骄不躁，虚心听取他人的意见，态度端正友好。理性，就是要求员工在看待事物时冷静客观、全面整体，不感性、不浮夸、不浮躁、不片面。

对别人的意见要认真对待，这就是要求在虚心的前提下，真心诚意地听取或采纳别人的意见，尊重别人的意见，尤其是要用正确的态度对待提意见的人，不可草率敷衍。

拥有好的品质往往也是一种好的工作态度和方法。作为一名优秀的员工，有必要培养自己在这方面的素养和品德。谦虚理性有助于人发现自己的问题，可以让人进步，可以让人学到更多的东西。相反，骄傲轻浮只会使人走下坡路，使人落后退步，并最终走向失败，甚至毁灭。关于骄傲轻浮，作家老舍说过："骄傲自满是我们的一座可怕的陷阱，而且，这个陷阱是我们自己亲手挖掘的。"正因为如此，优秀员工在追求谦虚理性的高贵品质时，更要注意从多方面考察自我，做到谦虚理性。

优秀员工的谦虚理性要体现在工作和做人两方面：

(1)在工作上谦虚理性，就是要求在工作中的各个环节做到谦虚理性。比如，在制订工作计划，成绩评估，与他人交流，进行工作总结时都需要谦卑虚心，诚恳地接受他人的意见。

(2)在待人接物中，不能草率轻浮，冷漠自负，应该彬彬有礼，诚挚恳切，不因为对方逊于自己就心存鄙夷。

谦虚理性的最终目的是为了取长补短，获得更多的有用意见，使自己进步。所以，在他人为自己提供意见时就应当认真对待，即使对方的意见并不高明，我们的态度也一定要端正，要保持涵养，注重素养。

传说在五代时期的后唐，有一个县官，公正严明，广纳四方意见。对于给自己提意见的人他立下规定："来者不拒，不分贵贱，不分男女，不分老少，不分族类。"对于通过书信递来的意见，他也定下规矩——来信不拒，不分竹简和纸张，不分纸张好坏，不分字体，不分写得美丑。为了能够收到更多的意见，他还特地在自己公堂两侧竖了"耳""目"两个大字，并在正门口挂了一个写着"耳目四方"的牌匾，提醒自己要会看、会听，同时也向百姓传达了自己渴望听到更多意见的信息。

正因为广纳四方意见，只要县境内一出现问题，就会有人提出解决的意见和办法，许多纠纷和矛盾都得以公正解决，这名县官所管辖的县内百姓安居乐业。

他人提出的意见越多，就越可以让自己更清楚地认识自己，有助于自己看清事物本质，找到更好的办法，使问题在第一时间内得以解决。

如何才能更好地接受别人的意见呢？一般有以下三点。

(1)不摆架子

我们在评价一个人时应当遵循一定的标准，凡是能成就伟业者没有一个是持有"骄矜之气"的。过于骄傲是自满的表现，自满是一种空虚的表现，对人有害无益。在工作中，摆架子的人通常自认高人一等，动不动就摆出一副高高在上的冷落态度，目中无人，对他人提出的意见不但不予理睬，还反过来训斥对方。在他人眼里，这是缺乏自信的表现。

(2)不要卖弄自己

一个在职场上获得成就的人，从来不会关注自我名誉的高低，在他人面前不会为了获得喝彩而故意卖弄自我。卖弄自我容易养成自负的心理，并在与同事交往中引起他人的厌恶，即使你主动向他人寻求意见，也很少会得到真心的回答。更重要的是，卖弄自我的人如果没有真才实学，一旦被揭穿后就会失去同事和上司的信任，很难继续在公司中立足。

(3)认真对待他人意见

在采纳意见时我们可以理性客观地选择其中之一，但是在对待的态度上，应当"真心欢迎，热情相待"，即先尊重他人的意见，肯听别人提意见，再考虑意见的可行性。意见如果可行，应当立即着手，并与对方保持沟通。如果意见缺少可行性，也不能随便丢在一旁，更不能耻笑嘲讽，而要向对方表示感谢，并说明意见不适用的原因，取得对方的理解。

【优秀员工箴言】

谦虚理性是一种礼仪，也是一种良好的品格，是一名优秀员工必须具备的品质。

8. 嫉贤妒能是取长补短的大忌

由于别人比你优秀便感到极不舒服，心生嫉妒，并由此而设计破坏对方，让对方受挫，看到对方失败你会觉得很舒心，这些表现就是嫉贤妒能。

嫉妒，是工作中的一大障碍，也是取长补短的大忌，它反映了人性中虚弱自私的一面。一个有着强烈事业心的人，无暇去想方设法找别人的毛病，挑别人的刺，永远不会产生害怕别人的成功而影响自己的担忧。

人的能力各有大小，人的心态也各有不同，这样的不同便给这个社会带来了丰富多彩。不过有一点在人的内心里是相同的，那就是嫉妒，无论你是什么人，你都难以避免有一颗嫉妒心。你的嫉妒心会让你从心理上对他人产生一种态度，而这种态度会左右你，决定你成为一个良性的竞争者还是一个恶性的竞争者。

小说《三国演义》中，周瑜虽然智力出众，才华横溢，但是气量极小，容不得他人胜过自己。他这些弱点被对手诸葛亮掌握并利用了。赤壁之战，孙刘联军大败曹操，诸葛亮趁机夺取了南阳等地，周瑜却损兵折将，所获不多，深感失算，为之生气。后来，诸葛亮设计让周瑜再三失败。在这"三气"之下，周瑜恨怒交加，大叫："既生瑜，何生亮！"吐血而亡。一个年仅36岁本来可以干出一番事业的军事家周瑜，就这样被"嫉妒"顽疾所害，过早地去世。

你如果想成为一名优秀的员工，那么不能有嫉贤妒能之心，这样只会看到别人的长处，却不会学习这个长处。因此，我们必须将这种无聊而有害的情绪从自己的心灵中清除。为此需要从下列四个方面去努力：

(1)认清危害

嫉妒完全是一种于人有害、于己无益的不道德心理。纠缠在这种情绪中，就连自己都不能迈步前行，而且这种心理本身就是一种见不得人的猥琐和卑鄙。因此，必须将这些心理完全扫除。

(2)克服私念

在现实生活中，嫉妒者对家人、亲戚的上进和成就总是很有度量的。而唯有对自己的同事，尤其是同资历、低资历者过不去。之所以如此，主要是因为嫉妒者将亲人看作"自己人"，只是放大了的"自己人"而已。因此，消除嫉妒心的基础条件是克服私念。

(3)认识自己

心存嫉妒者，首先自己也是想出人头地的，无论怎么掩饰，嫉妒的表现已经反映了这种心理。对此，嫉妒者应当正确地评价自己，在生活和工作中尽可能地发挥自己的优势，只要恰如其分地好好工作，努力表现自己，至少可以在某些方面取得重大的成就。

养成一个良好的习惯，最好在做一件事情之前，随身带着纸笔做笔记。预先写下要分析或要问的问题，提前预备一份包括所有相关问题的计划表，以确保所有的决定、行动以及职责都有一个明确的定义及总结。如有一点不懂之处，就必须要问明其中的道理，问清楚才能罢休。

另外，必须要承认，你即使天资过人，精力旺盛，也不可能永远领先，永远不被别人超过。因此，要学会正确地评价、看待自己和别人。

(4)替人着想

俗话说"将心比心"，就是这个道理，心理学称之为"心理位置互换"。当你感到嫉妒之心在不知不觉中产生时，你可以想一想："假如是我取得了成绩，对别人这种无端的怨恨，自己心中会有什么感受？"这种换位思维常会十分有效地帮助你摆脱苦闷的嫉妒心理。与嫉妒心做斗争，的确是一场艰苦的磨难。克服嫉妒心不能寻求任何外来的帮助，而全在于自己内心的调理。

【优秀员工箴言】

嫉妒之心，对人对己无论如何都是有害的，我们必须将这种无聊而有害的情绪从自己心灵中清除。

第八章

爱岗敬业，优秀员工必备的品质

当爱岗敬业的意识深植于我们脑海中，做起事来就会积极主动，并从中体会到快乐，从而获得更多的经验，取得更大的成就。当然，要取得最终的成功还需要长期的努力，不会迅速见效。但如果不具备爱岗敬业精神，那就不会有成功的可能了。

1. 不爱岗就会下岗，不敬业就会失业

爱岗，就是说，要热爱自己的工作岗位；敬业，就是说，要尊重自己的工作，工作时要投入全部身心。如果一个人能这样对待工作，那么一定有一种神奇的力量在支撑着他的心，这就是我们所说的职业品质。

现代社会，竞争如此激烈，从某种角度上说，一个公司员工的爱岗敬业程度决定了其生死存亡。要为客户提供优质的服务，要提供优质的产品，要想成为一名优秀员工，就必须爱岗敬业。

遗憾的是，在我们当中总有那么一部分人，他们工作时游手好闲，偷工减料，借口满天飞，也许在他们的脑海中根本没有敬业这个词，更不会把自己的岗位当作一项神圣的使命。因为他们始终没有清醒地认识到一个严酷的现实：在竞争日趋激烈的今天，工作机会来之不易。如果不热爱自己的岗位，不尊敬自己的工作，就会排在被解雇者名单的最前面。

一天，我到商场一家皮鞋专柜前买鞋，和这里的一名店员聊天。他告诉我说，他在这家店里服务已经七年了，但由于这家公司的老板“目光短浅”，他的工作业绩并未得到赏识，他非常郁闷，但同时，他似乎对自己很有信心：“像我这样一个学历不低、年轻有为的小伙子，还愁找不到一个体面有前途的工作！”

正说着，有位顾客走到他前面，要求看看袜子。这位店员对这名顾客的请求不理不睬，仍在继续向我发牢骚。虽然这位顾客已经显出不耐烦的神情，但他还是不理。最后，等他把话说完了，才转身对那位顾客说：“这儿不是袜子专柜。”

那位顾客又问，袜子专柜在什么地方。这位店员回答说："你问总服务台好了，他会告诉你的。"

七年多来，这位自认为可以的店员一直不知道自己为什么没遇到"伯乐"，没得到升迁和加薪。

三个月后，当我再次光顾这家店时，没有再看见这位店员。商店的另一名员工告诉我，上个月公司人员调整时，他被解雇了。

试想，如果他懂得珍惜自己原来的工作机会，努力工作，怎么会被解雇呢？

爱岗敬业最直接的表现是：干一行，爱一行，工作中一心一意。

首先，爱岗敬业受人尊重。就算工作绩效不是最突出的，老板也不会挑你的毛病，甚至还会表扬你的这种精神。

其次，爱岗敬业容易受到提拔。老板或上司都喜欢爱岗敬业的人，因为这样可以为他们减轻工作压力，让他们可以把事情放心地交给你。

只要你时刻将"爱岗敬业"视作一种品质，时刻在工作中尽心尽力，你就能在工作中忘记辛苦，得到欢愉，长期坚持，就能找到通向成功之路的秘诀。

那么，怎样才算爱岗，怎样才算敬业呢？

(1)没有任何借口，扎扎实实做好本职工作。从部门的工作计划、每道工序和施工工艺、工序流程、过程控制等一点点基础做起，在工作中遇到困难和挫折的时候，不等待不观望，自我激励攻坚克难无往而不胜，工作总有不顺心的时候，不能牢骚满腹怨天尤人，应该自我反省加倍努力厚积薄发，不能拿着放大镜百般挑剔找外因，应该常常拿着显微镜自我剖析找内因。

(2)细节决定成败，精益求精争创一流业绩。有哲学家说过："细节差之毫厘，结果差之千里。"如果我们在计算数据的时候算错一个坐标，在测量的时候放错一个桩位，得来的结果将是无法估量的损失。这就是细节的重要性，这就是精细的力量，我们应从"干好每一天，做好每一件事"入手，科学决策，精诚团结，精细管理，各项工作才能取得令人瞩目的成绩。事实证明，细节是成功的关键，精细是制胜的法宝，事事精细成就百事，我们人人都精细，就是爱岗敬业。

(3)实现人生价值，永无止境追求自我完善。什么是人生价值？在平凡的岗位上如何实现人生价值？相信许多人在思考，许多人在追求，也有许多人感到困惑迷茫。有句广告说得好："思想有多远，我们就能走多远。"一个人的价值取向决定人生的奋斗目标，也是人生进步的动力所在。我们不想讲空泛的理论，也没有过高的奢望，我们的价值观其实很简单：废寝忘食、绞尽脑汁，苦熬一个个不眠之夜，只求能写出好书，得到大家的肯定。如果我们每个人都在岗位上实现了价值，无数个平凡成就了伟大，无数个普通成就了伟大。

【优秀员工箴言】

爱岗敬业是每个员工最起码的工作准则，也是一个人做人的基本要求。只有做到爱岗敬业，才能提高工作效率，才能获得更多的发展机会，才能成长为一名优秀员工。

2. 爱岗敬业，才能把工作做到最好

拿破仑曾经说过："敬业为立业之本，不敬业者终究一事无成。"敬业不仅仅有利于公司和老板，敬业最大的受益者应该是你自己。一个员工能否在职场中取得成功，完全取决于他的敬业程度。敬业的员工，不仅热爱自己的工作，更重要的是，他会把工作做到最好。

现在不论是大公司，还是小公司，对于员工的要求最重要的一条，就是爱岗敬业。具有爱岗敬业精神的员工是公司最器重的人，同样也是最容易成为优秀员工的人。如果你的能力一般，爱岗敬业可以让你变得优秀；如果你十分优秀，爱岗敬业可以让你更加卓越。

所谓“爱岗敬业”,就是热爱、敬重自己的工作。爱岗敬业就是要像对待生命一样对待自己的工作,不为自己寻找任何借口来逃避工作。其具体表现为忠于职守,尽职尽责,一丝不苟,善始善终等职业道德,其中糅合了一种使命和道德责任感。

人们总是善于为自己找各种借口,没有谁认为自己不够爱岗敬业,即使是工作中无所事事混日子的人也不会这样认为,但这种“爱岗敬业”总是以“差不多”“可以了”作为工作态度的辩护词。但是真正的爱岗敬业,是把工作做到最好,做到极致,杜绝一丝一毫的疏忽,没有任何原因和借口。

在日本,公司对员工的爱岗敬业精神要求特别高,流传至今的一句话是:“为了事业的人请来,为了薪水的人请走。”真正爱岗敬业的员工,即使公司面临困境时,也会同公司风雨同舟。而心里只装着薪水的员工,当公司遇到困难时,就拍拍屁股走人了。

这就是爱岗敬业和不爱岗敬业的区别。

在一场并不大的马拉松运动会上,比赛早已结束了,冠军拿到奖杯离开了赛场,天也已经黑了。可是一名选手还在赛道上奔跑着,这个人叫艾克瓦里。

艾克瓦里的双腿沾满血,绑着绷带,正一圈一圈地绕着场地吃力地跑着。这时赛场上只有两三个人还在,夜幕降临时,他终于跑完了全程。在体育场的一个角落,一个记者远远地看着这一切。他好奇地问艾克瓦里:“为什么比赛都结束了,你还要坚持跑到终点?”

艾克瓦里回答说:“我的国家从那么远的地方送我到这里参加比赛,不是叫我在这场比赛中起跑的,是让我来完成这场比赛的。”

艾克瓦里用自己的行动向人们诠释了“爱岗敬业”的深厚内涵,也赢得了人们的尊重。

艾克瓦里的行动告诉我们:一个热爱、敬重自己工作的人,才会真正为工作做出贡献,才能从工作中获得乐趣。只有热爱、敬重自己工作的人，才会以一种高度负责、自动自发的精神来完成自己的工作，把工作做好。

然而，在工作中，始终有一部分人缺乏这种神圣的使命感，在工作中缺乏热情，认为工作只是为了挣钱，这样的人不具备爱岗敬业的精神，同时也不可能把工作做好。小和尚撞钟的故事就很好地说明了这一点。

小和尚是一个庙里专门负责撞钟的。他认为撞钟只要是个人都能做，早、晚各一次，没有什么技术含量，也起不到任何作用。就这样，他“做一天和尚，撞一天钟”。

半年后，方丈让他去劈柴烧火，原因是他不能胜任撞钟一职。小和尚听了很不服气，心想自己每天撞钟都很准时，也很响亮，怎么就不能胜任呢？

方丈告诉他：“你的钟是很响亮，但却空泛、疲软，没有力量，因为你心中没有把‘撞钟’当成你真正的工作，你也没有想把它做好。钟声不仅仅是寺里的作息准则，更重要的是要唤醒沉迷的众生。为此，钟声不仅要洪亮，还要浑厚、深沉、悠远。心中无钟，便是无佛；不爱岗，不敬业，怎能把撞钟的工作做好呢？”

小和尚对撞钟的态度决定了钟声的质量。他不热爱、敬重自己的“撞钟”工作，所以也不能把“撞钟”这个工作做好。

无论你的工资有多高，职业有多低，只要你爱岗敬业，渐渐地你会为自己的工作感到骄傲和自豪，以这样的心态去对待工作，工作自然而然就能做得更好。

爱岗敬业，表面上看是为了老板，其实是为了自己。因为爱岗敬业的人能从工作中学到比别人更多的经验，而且这些经验便是你向上发展的垫脚石，就算换了工作，你的爱岗敬业精神也会让你把每份工作都做好，让你从普通员工成长为优秀员工。

我们应该把爱岗敬业变成一种习惯，这样才能把自己的工作做好，并能从工作中找到更多的快乐。

【优秀员工箴言】

作为职场人士，我们必须懂得，爱岗敬业是一个人在职场中提升自我、成就事情的前提。爱岗敬业所表现出来的积极主动、认真负责的工作态度和尽职尽责、一丝不苟的工作精神是职场人士所应当而且必须具备的品质，更是员工做好工作的有力保障。

3. 爱岗敬业，从珍惜自己的工作岗位做起

如今想找一份工作已经越来越困难了。国内有学者指出：当前，我国已经进入了充分就业的良性劳动力供需状态。而所谓的充分就业就是指，劳动力市场将保持一定的失业率。这个信息告诉我们，不是每一个人都能拥有一份工作，工作来之不易。

政府一直在努力增加更多的工作岗位，以满足没有工作的人对工作的需求。当然大多数人都不需要政府来解决就业，或许，你会说“我有工作，而且还不想好好干呢！”对此我可以告诉你，这将是你最大的不幸。

为什么会这么说呢？因为你不懂得珍惜自己来之不易的工作。

在漫长的人生中，每个人的大部分时间都是在工作中度过的。可以说工作就是我们生命的舞台，工作的成败就是我们人生的成败。我们只有像珍惜生命一样珍惜自己的工作，才能把工作做得尽善尽美，才能获得人生中的最高成就。

然而，很多人却无视自己所拥有的美好工作，而去追求那些表面看起来很美好，实际却很虚幻的东西，直到失去本来所拥有的工作的时候，才懊悔不已。

周刚大学毕业，经过千辛万苦在深圳一家大型公司找到了

一份工作。可他去报到时，却被分配在行政部做行政员，主要负责公司会议室、电灯、电话和办公文具之类的杂事，他很是不满，心想自己好歹也是一个一类大学毕业的理科生，怎么能做这些事。于是，在平常的工作中，他总是马马虎虎，从不认真去做。当然，三个月过去了，他没有被留下来。在他走时，公司人力资源总监语重心长地告诉他："当初招他进来是看重他的专业能力，想把他放在研发部，可是想到他刚大学毕业，想挫挫他的锐气，就暂时把他放在行政部考验一下，结果却大失所望。"周刚听后，非常懊悔。

有多少人，在工作岗位上，总是觉得自己大材小用，总是对自己的工作充满了抱怨，总是认为自己应该干更重要的工作。有多少人，总是抱着一种"单位需要我、工作需要我"的态度，却从没有想过，这个世界根本没有哪份工作必须你来做才能完成，而是你必须要有一份工作来维持你的生活，愉快地度过你的人生。

现实生活中，很多人都拥有一份令人羡慕的工作，然而，他们却身在福中不知福，不懂得珍惜自己的工作。有的人甚至把工作当成了包袱和负担，对工作抱着一种应付的态度，当一天和尚撞一天钟，得过且过。有的人尽管拥有舒适的工作环境和良好的工作平台，却没有把心思放在工作上，把精力用在岗位上，他们更多的是贪图享受，按月领取那份工资和奖金，对工作敷衍塞责，这样的人是不会被企业重用的。

试想我们不懂得珍惜自己的工作，如果有一天我们下岗甚至失业，那时我们不再有年龄的优势，不再有蓬勃的朝气，更不具备高学历、高能力，我们如何就业，如何生存呢！到那时我们面临的将不再是单纯的努力找工作的问题，我们还将面临努力适应新的行业，努力面对一系列的社会难题。

珍惜才会拥有，感恩才能长久。只有珍惜工作，我们才能热爱工作，热爱事业，才能释放出对工作的积极性和创造性，才能百分之百地投入到工作中去，才会全力以赴地去把自己的工作做到最好，从而追求更美好的人生。

工作岗位是人生旅途拼搏进取的支点，是实现人生价值的基本舞台。

珍惜岗位就是珍惜生命，进而提高自己的人生价值。

然而，很多人在工作中却不珍惜自己的岗位，总是心浮气躁，好高骛远，这山望着那山高，没有立足本职工作埋头苦干，当然他们也不会有建功立业的成就感。这种人一见到别人做出了成绩，就会因羡慕而嫉妒，进而大发“英雄无用武之地”的牢骚，似乎自己没有成就，不是因为工作不努力，而是岗位不合适。但是，一旦领导将他们放到某个重要岗位上，他们又会因沾沾自喜而乐以忘忧，以致成天都在消磨时光。

有人或许会说：“重要的岗位容易调动人的积极性，而平凡的岗位很难让人产生敬业之情，不值得珍惜。”但道理并非如此。不认真工作，不珍惜自己的工作，同样也会失去这一份工作。因为，不珍惜你的岗位，自然就会有人来替代你。

工作要有责任感和使命感，更要有危机感和压力感。而努力工作的关键就是要珍惜自己的岗位，力争把自己锻炼成岗位能手。

【优秀员工箴言】

珍惜岗位，实际上表现的是一种敬业精神。珍惜自己的工作是一条实现人生价值的必经之路。只有踏踏实实，充分用好自己在岗位上的每一天，刻苦钻研，奋发图强，才能获得人生的成功。

4. 把工作当成你神圣的使命

工作是我们每个人神圣的使命。使命是一种义不容辞的责任，这种责任是神圣、高尚的。我们必须欣然接受，没有任何怨言，并且必须圆满地完成，因为这是责任。

要想尽职尽责、毫无怨言地完成工作，就必须拥有敬业精神。尊重自己的工作,把工作当成自己终生为之奋斗的事业来进行,具体表现为忠于职守,对待自己的工作永远都是尽心尽力,一丝不苟。把工作当成你的神圣使命,你就会对自己的工作产生一种使命感和责任感。

在微软总部,有这样一位清洁工。她每天都尽职尽责地工作,在精英汇聚的微软,这个小小的清洁工从来不被人重视。但她每天坚持最早到公司,最晚下班。最关键的是,她从来没有因为自己是一个普通的清洁工而抱怨过自己的工作,她用她的热情去感染着周围所有的同事。慢慢地,在这位清洁工的感染下,整个办公大楼都呈现出一种快乐工作的氛围。

不久之后,比尔·盖茨听说了这个清洁工的事情,他觉得很诧异,便问她:"尊敬的女士,你能告诉我,为什么你处在这样一个职位还能坚持每天尽职尽责地工作吗?"

清洁工微笑着回答:"因为做好工作就是我的责任啊!虽然我没有什么知识,但我依然很感激公司能给我这份工作,可以让我有不菲的收入,足够支持我的女儿读完大学。而我唯一能回报就是尽一切可能把工作做好。"

女清洁工自然流露出的那种爱岗敬业的感恩之情深深打动了比尔·盖茨,他当场就任用这名敬业的女清洁工为正式职员。后来,这名女清洁工果然没有让盖茨失望,她运用闲暇时间努力学习计算机知识。不久,这名女清洁工就当选为微软的优秀员工。

由此可见,工作就意味着使命,没有责任感和使命感的员工就不是优秀的员工。把工作当成你神圣的使命,最关键的就是爱岗敬业。爱岗敬业是责任和使命的延伸,爱岗敬业是平凡的奉献精神,是每个人都必须具备的。爱岗敬业又是一种伟大的奉献精神,因为伟大出自平凡,伟大源于自愿,没有平凡和自愿的付出,就没有伟大的奉献。我们应该转变对工作的态度,工作不仅仅是我们为了谋生才做的事情,而是我们实现自己价值的永恒事业,是我们神圣的使命,是需要我们用生命去做的伟大事业。

把工作当成你的神圣使命,这种对工作虔诚的神圣感和使命感,会让你感受到工作是一种幸福。其实，我们每个人都在用一生的时间守望幸福。当我们回首过往，就会发现工作教会了我们许许多多人生的道理，人生的酸甜苦辣都能在工作中一一品尝。很多年后，当幸福之花盛开之时，工作就是我们一生中最幸福、最快乐的回忆。这个世界永远都没有卑微的工作，只有卑微的工作态度。在你的态度中添加责任感和使命感，无论你在什么岗位，都会体会到生活的快乐。

【优秀员工箴言】

无论在什么岗位上，只要我们能用一种积极向上的爱岗敬业精神把工作当成最美好、最神圣的使命，我们的工作就会事半功倍，我们在公司的发展也必将会前途光明。

5. 热爱你的工作，在平凡的岗位上用心做好每一件事

如果在日本历届内阁选出最受人敬佩的官员，那一定是邮政大臣野田圣子莫属。她除了是当时内阁最年轻的官员之外，也是唯一一位女性大臣。野田圣子当选邮政大臣的时候，只有 37 岁，她凭着自己的努力换来了成功。

野田圣子的第一份工作是清洗马桶。只要是正常人，一想到清洗马桶，都会觉得恶心，更何况是自出娘胎以来就从未做过任何重活的野田圣子。野田圣子在第一天伸手触及马桶的那一刻呕吐不止。上班不到一天，她就坚持不下去了，准备放弃。这时候，一位和野田圣子在一起清洁马桶的前辈主动走过来帮她清洗，这位前辈在清洗完马桶后，居然盛了满满一杯马桶水，在她面前一饮而尽。她告诉野田圣子："经过我清洗的马桶，不仅外表看起来干净，而且里面也是干净的。"野田圣子听了之后，脸立刻就红了。她认识到自己的工作态度有问题。于是，她暗暗对自己说："就算一生要洗马桶，也要做一个洗马桶最出色的人。"

从此，她改变了自己的工作态度。不久之后，她的工作也达到了这位前辈的水平。当然，她也喝过马桶水。就这样，她成功地迈出了人生的第一步。就是这样一份洗马桶的工作，野田圣子丝毫没有觉得丢脸。从此，她踏上了成功之路，开始走向成功的人生历程。

和野田圣子相比，我们就会感到无地自容。要是换成我们去做清洗马桶的工作，估计我们会头也不回地扭头就走。就算不是清洗马桶的工作，大多数人还是觉得自己从事的工作简单而平凡，会觉得在工作岗位上得不到任何发展，会失去对工作的热情，对自己的前途更是感到迷茫。试想一下，连你自己都觉得自己的工作非常卑微，首先自己就不热爱自己的工作岗位，那还能指望别人来重视你、老板来重用你吗？

你用什么样的心态来对待你的工作，你就会得到什么样的回报。你热爱你的岗位，用满腔热情去对待你的工作，你肯定会得到令你满意的结果。如果你看不起你的工作，用消极怠慢的态度去对待你的工作，结果必然也会令你失望。

所以，无论你贵为总裁还是身为普通职员，无论你是男人还是女人，都要热爱自己的工作。如果你认为自己的劳动是卑贱的，那你就犯了一个巨大的错误，因为所有正当合法的工作都是值得尊敬的。只要你诚实地劳动，没有人会贬低你的价值，关键在于你如何看待自己的工作。那些只知道要求高薪，却不知道自己应承担责任的人，无论对自己，还是对老板，都没有任何价值而言。

不要看不起你的工作，要热爱你的工作。首先就不能对自己的工作要求太高。看不起自己工作的人，他们总是抱怨自己的工作，觉得这里不满意，那里不舒服，总觉得工作太累、薪水低。这种抱怨只会把工作岗位上的种种缺陷无限地夸大。其实，在这个世界上，工作轻松、薪水丰厚的完美职位是根本就不存在的，任何工作岗位都有缺陷。“总理”是一个很诱人的职位吧，不过，法国的七位总理都认为那是一个非常折磨人的岗位。所以，既然选择了这份工作，我们就要无条件地接受它。我们不仅要享受这份工作带给我们的快乐和成就，也要接受它给我们带来的劳累和压力。

热爱自己的工作，就应该把自己的工作当成自己的终身事业来做，不能仅仅把工作当成是挣钱养家糊口的工具。人的生命是一个过程，在这个漫长的过程中，工作将占据我们大部分的时间和精力。如果我们不能在工作中不断地提高，就不会体会到成功的喜悦，也就是在白白浪费我们宝贵的时间和精力。所以，我们必须热爱自己的工作，把工作当成自己一生的事业来慢慢地经营。这样，你就能体会到不一样的人生。

【优秀员工箴言】

如果一个人轻视自己的工作，连他都认为自己的工作是最低贱的，那他绝对不会尊重自己。因为他连自己选择的工作都不热爱，肯定也不会懂得尊重自己。那些看不起自己工作的人，往往是一些被动适应性的人，他们不愿意奋力崛起，不愿意努力改善自己的生存环境，最终将什么也不是。

6. 敬业，更要精业

何谓敬业？早在明代，大思想家朱熹认为：“敬业者，专心致志以事其业也。”所谓敬业，就是要求从事正当职业的人们，敬重自己所从事的职业，热爱本职工作，兢兢业业地以恭敬之心履行自己的职责。简言之，就是敬业，更要精业。

那么，何谓精业？精业是敬业的具体表现，是敬业的基础，是做好本职工作的前提。也就是说，在自己所从事的工作岗位上精通业务，具备扎实的岗位基本功，做到干一行，爱一行，专一行，精一行。

我们对待本职工作，不仅要敬业，更要精业，要将两者和谐地运用在工作中。敬业是一种工作态度，精业是一种完成工作的手段。敬业是精业的先决条件，精业是敬业的最高目标。在工作中，我们经常会感觉到虽然自己每天尽职尽责地工作，可工作成绩却不是很明显。老板交代的事情，我们也能够认真地完成，可往往只是停留在完成阶段，完全不知道如何完成得更加完美。这是因为我们缺乏一种钻研精神，缺少对工作精益求精的态度，这就是缺少精业意识的表现。

当今全球经济一体化速度加快，只有既热爱工作又有钻研精神的人，才会备受各大公司的青睐。公司要生存、发展，就要求员工不断地学习，不断地追求新的理念与知识。只有员工不仅敬业而且精业，公司才能获得长足的发展。否则，仅靠敬业而不靠精业精神所支撑的公司，是不能在市场经济的大潮中沉浮的。

对于个人而言，敬业是必需，精业是提高。我们应该将两者统一起来，尽可能地发掘自己的潜在能力。如果现代职员还只是停留在满足于完成工作任务这一简单的阶段，那肯定不能适应职位的需求。敬业更精业是时代的要求，也是员工提升自我的需求。在当今世界上，很多优秀公司需要的都是精业和敬业兼备的员工。

随着市场经济的不断发展，普通人的就业意识也发生了很大的转变，主要体现在对敬业精神的重视上。但是，时代在变化，人才市场的竞争也在不断地加剧，光有敬业精神是不够的，还需做到精业。公司竞争实际上就是人才的竞争，凡是想把公司做大的管理者都希望员工素质不断地提高。公司只有通过提高员工的素质，才能改善产品或服务，以应对市场竞争。因此，公司对人才的要求将越来越高，精业已成为公司选拔员工的首要条件。

作为公司员工，敬业精神固然很重要，但努力提高自己的综合素质，把敬业上升为精业，才是立身之本。时下，不少员工不注重对业务的精进，求职只问薪酬的高低，他们在工作中虽然也能尽职尽责地完成任务，但是，随着公司规模的不断扩大，同类产品的竞争不断加剧，没有任何突出成就的职员非常容易被老板炒鱿鱼。有专家指出，未来的竞争是“资本”的竞争，也就是人才的竞争，而人才的竞争就是知识的竞争。所以，唯有精业的人才能在职场中潇洒自如。

在职场中，敬业和精业是相辅相成的，敬业不可缺少，是精业的前提。

【优秀员工箴言】

只有先敬业才能精业，而只有精业才能做出成绩。如果说敬业是德，那么精业就是才，只有“德才”兼备才是一个职场员工的全面素质，才能更适应职场的需求和发展。敬业不易，精业更难。常言道：“业精于勤，业长于学。”只有敬业之德与精业之才的和谐统一，才能使自己在职场中游刃有余。

7. 敬业是立业之本，是成长为优秀员工的基石

什么是敬业？所谓“敬业”就是要尊敬你的工作！为何要如此，我们可以从两个层次去理解。低层次来讲：“拿人钱财，替人消灾。”也就是说，敬业是为了对老板有个交代。如果上升一个高度来讲，那就是把工作当成自己的事业，要具备一定的使命感和道德感。不管从哪个层次来讲，“敬业”所表现出来的就是认真负责——认真做事，一丝不苟，并且有始有终。

很多年轻人初入社会都有这样的感觉，认为做事是为老板，为他人挣钱。其实，这无可厚非，你出钱我出力，情理之中的事。再说，要是老板不赚钱，你怎么可能在这家公司好好待下去呢？但有些人认为，反正为人家干活，能混就混，公司亏了也不用自己去承担，他们甚至还扯老板的后腿，背地里做些不良之事！稍加细致地想想，这样做对他们自己并没有什么好处。敬业工作，表面上是为了老板，其实是为了自己，因为敬业的人能从工作中学到比别人更多的经验，而这些经验便是向上发展的垫脚石，就算我们以后换了地方，从事不同的行业，敬业精神也必会为我们带来助力。

拿破仑曾经过说："敬业为立业之本，不敬业者终究一事无成。"敬业是一种精神，这种精神在当今社会发扬光大，成为最基本的做人之道，也成为人们成就事业的基石。

为了节省开支和充分利用人才，某公司决定裁员，在裁员名单里有内勤部的两名员工徐静和彭小小，公司规定她们在一个月后离开岗位。名单公布后，徐静和彭小小都很伤心，毕竟这种事情谁都不愿意发生在自己身上，同事们对她们更是小心翼翼，不敢太接近。第二天上班后，彭小小情绪还是非常激动，觉得全公司的人都对不起她，看见谁都是一肚子的火，根本没有人敢问。第三天开始她就经常迟到、早退。她认为反正要离开公司了，干不干都一样。

而徐静虽然在得到通知的第一天也很伤心，但是第二天上班后，她和平时上班一样，打开电脑，收发文件。她看到同事们不好意思再吩咐她做什么，她就主动揽活，也从不迟到早退。她想："是福跑不了，是祸躲不了，既然我还在这个岗位，那么就应该把这份工作做好，做什么事情都要善始善终。"就这样，徐静兢兢业业地在自己的岗位上做完了最后一个月。一个月后，人事部经理把徐静叫到办公室说："公司决定取消对你的裁员决定。"经理继续说道："你的岗位是谁也替代不了的，任何一个公司也不会去裁掉一个如此敬业的员工。"而彭小小却只有如期下岗了。

不过分计较一时的利益得失，保持平和的心态，在岗位上尽职尽责，把工作做到最好，这是敬业的一个最基本的要求。然而现实中的很多人不知道敬重自己的工作，他们只把工作看成是换取食物、衣物和房子等物品的手段，把工作看作是不得已而为之的苦役劳役，最终他们失去了锻炼自己的机会，与成功擦肩而过。

阿尔伯特曾经说过："一个人即使没有一流的能力，但是只要拥有敬业的精神，同样会获得别人的尊敬，相反，即使你的能力无人能比，却没有基本的职业道德，一定会遭到社会的遗弃。"

曲华是一个很有才华的员工，然而他对自己的工作总是敷衍了事，朋友问他时，他答道："公司又不是我开的，我为什么要那么尽力呢？如果有一天我开了公司我一定会比老板更尽职尽责，更努力。"

后来曲华真的开了一家公司，不到半年公司就倒闭了。于是他又去给别人打工。他的朋友问他："你不是说自己开公司就一定尽职尽责吗？怎么这么快又打工了？"

曲华回答道："自己开公司太麻烦，每天事情太多，那根本就不符合我的个性。"

一个人如果在做员工的时候缺乏敬业精神，那么他就会养成不敬业的习惯，而这将会影响他的未来，即使他以后真正拥有了自己的事业，自己的公司，他也摆脱不了敷衍了事、懒散怠慢的习惯。

作为职场人士，我们必须懂得敬业。敬业是一个人在职场中提升自我的立业之本，敬业所表现出来的积极主动、认真负责的工作态度和尽职尽责、一丝不苟的工作精神是职场人士所应当而且必须具备的品质，更是员工创造最佳业绩的有力保障。

如果你自认为敬业精神不够，那就趁年轻的时候强迫自己敬业——以认真负责的态度做任何事。经过一段时间后，敬业就会变成一种习惯。

【优秀员工箴言】

优秀员工每天都是保持忠于职守、善始善终的工作态度，无论他从事的是什么样的工作，都可以做出骄人的成绩来。其实，无论从事什么行业，只有全心全意、尽职尽责地工作，才能在自己的领域里出类拔萃。这也是敬业的直接表现。

8. 敬业精神必不可少

每个人都渴望拥有一项可以终生从事的事业。这项事业必须能够给你带来快乐，能够使你得到财富，能够让你体现自己的价值。这项事业其实并不难找，我们每个人手中的这份职业，其实就是这样的事业。只要你把敬业精神倾注到你的职业中，无论你身在何种岗位，都能获得你想拥有的一切。

敬业，并不是指一个人在一生中只能从事一种职业，或者一生只在一个公司或部门工作。敬业是一种对待工作认真负责的态度，属于道德的范畴。不管你身在哪个岗位，也无论你就职时间的长短，只要拥有敬业精神，你就会满怀激情地去工作，对自己所从事的职业具有强烈的责任感。

古往今来，任何一位老板都对自己的事业忠心不二，兢兢业业。他们知道，他们现在的事业是通过自己的努力和奋斗艰难地开辟出来的。所以，他们在考核员工的时候，敬业就成了重要的考核标准。只有具备这种精神的员工，才会得到老板的重用。而且，拥有这样的员工，公司的效益才会不断地增长。

工作就像茫茫大海里的帆船一样，我们只有拥有敬业精神，才能坚定不移地坚守自己的航向，即使遇到狂风暴雨，他们也会稳稳地掌好自己的舵。真正拥有敬业精神的人，他们从来不会把敬业挂在嘴边，也不会信誓旦旦地在老板面前宣称自己多么热爱自己的工作，他们总是在一旁默默地用实际行动表现自己对工作的热爱。

提到敬业，我们不禁会想到新中国成立之初的一位全国著名的劳动模范——时传祥。用敬业来形容这位伟大的淘粪工人，一点儿也不为过。

时传祥出生在一个贫苦农民家庭。他十四岁逃荒流落到北京城郊，因生活所迫当起了淘粪工。在旧中国，淘粪工不仅会受到社会的歧视，还会受行业内一些恶势力的压榨。时传祥在这些“粪霸”手下一干就是二十年。在旧社会里，淘粪工是生活在最底层的，时传祥没有一天不盼望着能跳出这污黑的粪坑。新中国成立以后，共产党给了时传祥翻身做主的机会，很多人都劝他再重新找一个工作，不要再做这又脏又累的淘粪工了。而此时，北京市人民政府为了体现对清洁工人劳动的尊重，不仅规定他们的工资高于别的行业，而且也提高他们的工作环境。新中国给了时传祥做人的尊严，他感受到了尊重与平等，对党充满了感激，他竭尽全力带领其他环卫工人为市民服务，提出“工作无卑贱，行业无尊卑”。在那些年里，他放弃了节假日休息，一有时间就到处走走看看。哪里该淘粪了，不用人去找，他总是主动去做。不管坑外多脏，不管坑底多深，他都想方设法淘干扫净。他用一颗朴实的心说明了一个通俗的道理：淘粪工也是一项光荣的职业，他在二十多年里兢兢业业，任劳任怨，全心全意地为人民服务。

时传祥爱岗敬业的精神在很多年后还一直是引领新时代的重要精神。敬业是一种美德，是一种难能可贵的精神，是职场中每一个员工必不可少的品质。只有拥有敬业精神，当你面对工作中的困难和挫折的时候，你就能拥有足够的信心和耐心。只有拥有强烈的敬业精神，当公司面临危机的时候，你就会义不容辞地和老板站在一起，为帮助公司渡过难关而尽心尽力。

一位优秀的员工可以没有一流的能力，但是一定要拥有一流的敬业精神。在优秀员工的眼里，敬业是他们的使命。

在市场竞争如此激烈的现代社会，毫不夸张地说，一个公司的生死存亡，就取决于其员工的敬业程度。只有爱岗敬业，才有可能为顾客提供优秀的服务，并能创造出优秀的产品。如果把界定的范围扩大到以国家为单位，那么一个国家能否繁荣强大，也取决于人民是否敬业。比如身为警察就要为民众尽职尽责；医生则应一丝不苟，救死扶伤；政府官员应及时体察民情，为百姓解决实际问题。其实，只要构成社会的每个单元都能做到爱岗如家，这个社会就是一个无坚不摧的整体。

不幸的是，任何行业，任何工作领域里都会有一部分人，总是在工作中偷懒，不负责任，经常为自己的失职而寻找借口，不知悔改，或许，在他们的头脑里根本没有对敬业的理解，更不会认为职业是一种神圣的使命吧。

在职场上，我们要像时传祥一样自觉怀有敬业精神，无论什么工作，都要认真努力地做好。

【优秀员工箴言】

敬业的人无论是在物质上，还是在精神上，都能获得回报。所以，无论我们现在从事什么工作，敬业精神都是不可缺少的。

第九章

自动自发，优秀员工是这样炼成的

要想成为优秀员工，绝不仅仅是准时上下班，不迟到早退就可以了，还需要积极主动。他们不需要谁来监督，也不需要谁来命令，更不需要谁来催促，自动自发就是优秀员工最醒目的特征。

1.积极主动机会多，乐于做别人不愿做的小事

积极主动不仅是一种行为美德，也是一个人在工作中必须坚持的工作态度。如果只是在别人注意你的时候才好好表现，这样的人就是工作中的投机者，永远都不会获得成功的。只有那些积极主动地将自己的工作做到最好的人，才能得到别人的赞扬。一个人只要抱着积极主动的态度去对待工作，无论处在什么样的工作岗位上，都能干出成绩。而积极主动的工作态度不是一朝一夕就能形成的。主动工作是一个循序渐进的过程。这个漫长的过程需要你在吸取别人的成功经验的基础上不断地总结经验教训，然后坚持不懈地去探索。

(1)要积极主动地工作

我们必须制订好工作计划，分清工作内容的主次，什么工作是主要的，必须完成，什么工作是次要的，可以额外多做一点儿。对于所有的工作任务，都应该有一个全盘的考量，不能把必须完成的主要工作丢在一边而去完成那些次要的工作。有了周全的计划作指引，在实际的工作中才会有章可循，也就起到事半功倍的效果。

(2)最大限度地调动工作积极性，从身边琐碎的事情下手

俗话说："勿以恶小而为之，勿以善小而不为。"这些看似微不足道的小事，会使我们逐渐养成一种主动工作的习惯。

另外，最大限度地调动工作积极性，应该从"主动想"和"主动做"这两方面同时下手，真正调动自己的积极性。"主动想"就是要求我们在工作中不光要有周密细致的计划，还要求我们能够随机应变，能根据工作中的实际情况，考虑自己的工作计划是否需要完善，还要学会揣摩老板的心

思。当老板吩咐打印一份文件的时候，我们是否还需要装订整理好再送到老板那里呢？如果能有这样的想法，恭喜你，你已经迈出积极主动工作的第一步了。“主动做”则是把我们的“主动想”付诸实践。没有付诸实践的想法就算再完美，也是一纸空谈，没有丝毫的实际意义。好的经验来自历练，干好工作才是工作的根本，才是学会主动工作的核心内容。任何工作都不能空想，不付诸行动的空想只能成为幻想。没有人可以依靠单纯的想象和计划就能把事情做好，我们必须脚踏实地，寻找好的方法去做事情。

(3)要主动承担自己的责任

每天的工作对我们来说，都是一次全新的挑战。在工作中难免会出现纰漏，这个时候，我们应该积极主动地承担自己的责任，而不是一味地逃避和沮丧。工作中出现错误是在所难免的，没有谁敢保证自己的工作永远都是完美的。出现错误，只要敢于承担自己的责任，然后努力改善，一定能再次成功击破工作中的难题。而逃避怯弱的人，只会像战场上的逃兵一样，就算上了战场也不会做出任何贡献。

(4)要学会主动沟通

与上司沟通，及时了解上司的想法，理解老板的意图，以便及时修正自己的工作计划。积极和同事沟通，寻找在工作上的合作。其实，在现代职场中，早就没有严格意义上的分内工作，所有工作都是同事之间相互合作完成的。因此，每份工作都要求与同事密切配合，有效沟通。

只要做到以上四个方面，从身边的小事做起，就能养成一种积极主动工作的习惯。习惯形成之后，自然离优秀员工就不远了。

【优秀员工箴言】

就让我们从现在开始吧，以积极的心态激发自己的潜能，主动去工作。这样，你就会发现，工作其实就是生命中的一部分。

2.

别等着上司安排工作

很多人都在抱怨自己没有成功的机会，而事实上这些人并不是缺少机会，而是缺少主动抓住机会的能力。要想做一个优秀的员工，首先就要做到自动自发，主动了解自己应该做什么，怎么去做，而不是被动地等待上司来安排你的工作。

在今天这个充满机遇和挑战的时代里，一个不会等待上司给自己安排工作而积极主动的员工不仅会把本职工作做得有声有色，而且会多做一些分外的工作，这样的员工在工作中不断地锻炼自己，提高自己，从而获得更多提升的机会。

陈强在公司工作已经两年多了，但是他总是感觉自己不受重视，认为自己的能力可以做更高的工作，而自己的工作就是一个打杂的。于是，他做什么事情都提不起精神，敷衍了事。

一天，上司交给他一个任务，让他用一个月的时间做一份关于深圳最大的十个商场基本情况的调查报告。陈强在听明白任务后，问上司："那我到哪里去查资料？"

"你自己看着办吧。"上司淡淡地回了一句。

陈强一直觉得自己没有具体工作，可当上司分配他一个具体工作的任务时，他又感到束手无策。

如果你想成为最优秀的员工，就要做到不等上司来安排你的工作，不要认为把自己的工作做完了就是优秀，要想在工作中超越别人，就一定要有自动自发做事的态度。只有这样，当机会来临的时候你才能把握住。

那么一个员工不等上司安排工作，该如何积极主动工作呢？

(1)完成那些没有人做的事情

很多事情确实没有人给你交代，但却是你职责内的事情，一旦你主动做好了，将会给自己的工作带来很多便利。

(2)改变懒惰的习惯

一位哲人说过："如果有事情必须去做，便积极投入去做吧！"另一位哲人则道："不论你手边有何工作，都要尽心尽力地去做！"

所以优秀员工认为事无大小，竭尽心力，力求完美，是成功者的标志。在一个企业里，并不是仅仅具有杰出的才能就容易得到提升，而是那些勤奋刻苦，并有良好技能的人才会有更多的机会。

(3)要有独立思考的能力

我们经常会发现，那些一夜成名的人，几乎每一个人都有独立思考的能力。只有善于独立思考，才会在工作中自动自发，抓住机会获得成功。

那么，什么样的员工才是有独立思考能力的员工呢？有独立思考能力的员工不会像机器一样，别人吩咐做什么就做什么。他们往往会发挥创意，出色地完成任务。而那些没有独立思考能力的员工则墨守成规，害怕犯错误，凡事只求达到基本的标准，在遇到需要自己主动去完成的任务时，他们会告诉自己，这件事情上司没有让自己做，又何必插手呢？又没有额外的奖励！

正是这两种不同的工作心态，最终导致了两种人不同的人生态度。

(4)要为老板考虑

为老板考虑也是自动自发的一种表现。这样的员工不仅会圆满地完成自己的任务，还会给老板提供尽可能多的建议和信息，帮助老板抓住机会，他们也会因此得到提升和赏识。其实从某种意义上来说，为老板考虑，其实就是为自己考虑。

当明白这些道理之后，请自动自发做你需要做的事情吧！不要等上司来安排你的工作。

【优秀员工箴言】

做好本职工作的同时，应该多做一点，哪怕是老板没有要求我们这么做。无论从事什么样的工作，只要你这么做就可以超越他人，这不仅会让你与众不同，也会为你的成功铺平道路。从现在开始行动吧！不要再犹豫，更不要等找到理想的工作的那天，只要你主动一些，你离优秀员工就不远了。

3.

老板在与不在，都要自律地工作

在现代职场里，有两种人永远无法取得成功：一种人是老板不在就不做事的人；另一种人是做不好老板交代的事情。这两种人都是老板要首先“炒鱿鱼”的人，或者是永远不可能成为优秀员工的人。

老板不在就不做事的人，是缺乏自律的表现。所谓的自律，是指不管老板或上司在不在，不管工作中有没有人监督，我们都能坚持认真工作，对自己的工作负责。

现实生活中有许多员工，在没人监督的时候，就很容易松懈下来，想着反正没人知道，薪水也不用担心受影响，何不忙里偷闲一会儿呢？其实不然，不要认为只要上司不在就可以偷懒了，比如在公司里打电话聊天，玩游戏，推托任务给同事，表面看起来这是一种小聪明，也许你还会为这样的小聪明而沾沾自喜，但实际上这是一种不思进取、缺少责任心和缺乏时间观念的表现，虽然看起来了无痕迹，但你能保证手头上的工作绩效不会受一点影响吗？

老板绝对不会欣赏这样所谓“聪明灵活”的行为，升迁的机会也会与你无缘。在公司上班，公司的发展和我们自身的发展休戚与共，所以需要我们有强烈的自律意识。如果一个员工没有自律能力，那他在工作上的敬业程度就会大打折扣。

一位公司的CFO曾聘用一名女孩帮自己拆阅、归类信件和打字。薪水很低，工作也不是很复杂，职位也很低。

这名女孩非常用功，每天除了干完自己工作，还不计报酬地干一些并非自己分内的工作——比如帮上司擦桌子、作报表，而这些工作都是CFO不在的时候做的，也就是说CFO并不知道。

就这样，这名女孩坚持了一年时间，她的报表越做越好，并不在意上司是否注意到自己的努力。终于有一天,CFO的秘书因故辞职,在挑选合适人选时,女孩以自己优秀的技巧获得了这个机会。

老板不在的时候仍然主动地做事,这正是女孩获得提升的最重要原因。下班的铃声响起之后,她仍然坚守在自己的岗位上,在没有任何报酬的情况下,仍然刻苦训练,最终使自己有资格接受更高的职位。

故事并没有结束。这位女孩如此优秀,引起了更多人的关注,其他部门纷纷提供更好的职位邀她加盟。为了挽留她,CFO多次提高她的薪水,现在她的薪水与最初当一名普通打字员相比已经高出四倍。

老板不在,能根据公司发展和规划的要求,仍然坚守自己的工作岗位。这样的人,不仅让自己才华尽显,在公司里也最有发展前途。故事中的女孩就是很好的例子。

一名优秀员工的表现应该是这样的:无论老板在不在,他都会一如既往地努力工作。因为他知道,工作并不是做给老板看的。老板的离开并不意味着他完全失去了对公司的控制,因此,行为谨慎的员工知道别人会看见他或将会看见他。他知道周围的同事都在默默地做自己的事情,他更清楚凡是自己做得不好的事总会传扬开去。即使单独一个人行事,他做事的态度也慎重得像整个世界都在监视他似的。

所以,自动自发地工作是每一位优秀员工的共同特点,没有对工作的热爱就不会有全身心的投入,就会因为缺乏自律而放任自流,当然谈不上成就什么事业了。

自动自发是一种对待工作的态度,也是一种对待人生的态度。只有当自律与自动自发成为习惯时,成功才会接踵而至。绝大多数成功的创业者并没有任何人监督其工作,他们完全依靠自律工作。试想一下,如果对自己的工作都不能全身心投入,所谓一屋不扫,何以扫天下,开创自己的事业最终只能沦为一句空话。

自动自发也是一种责任。无所事事、懒散松懈的习惯已经使许多天赋很好的人步入平庸,这样的例子并不在少数。无论是历史还是现实之中，许多成功的人并不一定天赋很高，而是勤奋使他们一步步走向成功与卓越，反观很多天赋很高的人却常常因为自己的放任与懒散而日趋平庸，甚至一事无成。

【优秀员工箴言】

记住，老板不在绝不能成为你偷懒或放松自己的理由，恰恰相反，你应该将之视为一个机会或一次考验，在严格自律的同时，锻炼自我鞭策的能力。

4.

将主人翁精神落实到行动上

优秀员工在任何时候都会把所服务的公司当作自己的公司。这当然不是自欺欺人，而是优秀员工知道，只有具备这样一种主人翁精神，他才能够最大限度地从工作中学到关键内容，才能够最大限度地从公司获得利益与报酬。

进入职场的我们，虽然受雇于公司，可是有一点要明白：我们不仅是公司的雇员，更是自己的主人，也同样是所任职位的主人。

什么是主人？就是能够自动自发地处理工作，并将工作做到最好的人。作为自己工作的主人，遇到问题的时候，有命令要执行，没有命令也一定要执行！

与此恰恰相反，很多人认为，公司是老板的，自己只是替别人工作。工作得再多，再出色，得到好处的还是老板，于自己何益？存有这种想法的人很容易成为“按钮”式的员工，天天按部就班地工作，缺乏活力，有的甚至趁老板不在没完没了地打私人电话或无所事事地遐想。这种想法和做法无异于在浪费自己的生命和自毁前程。

英特尔CEO葛洛夫在一个大学发表演讲的时候,提出以下的建议:“不管你在哪里工作,都别把自己当成员工,应该把公司看作自己开的一样。”那么,怎样才能够把自己当作公司老板的想法付诸行动呢?

(1)比老板工作的时间更长

不要认为老板整天只是打打电话,喝喝咖啡而已。实际上,他们只要清醒着,头脑中就会思考着公司的行动方向。一天十几个小时的工作时间并不少见,所以不要吝啬自己的私人时间,一到下班时间就率先冲出去的员工是不会得到老板喜欢的。除了自己分内的工作,尽量找机会为公司做出更大的贡献,让公司觉得你有价值。

(2)抢先思考

任何工作都存在改进的可能,在老板提出问题之前,抢先把答案奉上的行动是最深得老板心的,因为只有这样的员工才能真正减轻老板的精神负担。事实上,能够做到这一点的人并不多,也许可以说,能长期有本事跟老板在工作上竞赛,而且有本事把对方击败的,也差不多可以有资格当老板了。

(3)不要满足于自己的成就

时刻警告自己不要躺在安逸的床上睡懒觉,让自己每天都站在别人无法企及的位置上,这样机会很快会垂青于你。

在西方有一句谚语说:“你看见自动自觉的人了吗?他必定站在君王的身边。”的确,自觉的人才更容易得到赏识,走向成功。

一个老板或上司的精力有限,不可能时时待在你身边。所以,作为基层员工,我们要做的就是自觉主动地工作。

李凡凡刚进公司工作时,职务很低,是一个负责打印、复印和跑腿工作的文员。在工作两个月后,她发现每天下班后,所有的人都回家了,她的上司Jason仍然在办公室工作。因此,她决定下班后也留在办公室里,是的,没有人要求她这么做,但她认为自己应该留下来。

李凡凡留下来只是为了Jason需要的时候帮一把。比如,帮忙泡杯咖啡、复印文件之类的。本来这些事都是Jason亲自做的,但一段时间后,他发现李凡凡总是留到最后,等着他的召唤。Jason 不解地问她:“我没有让你留下来,你为什么要做这些啊?”李凡凡总是平淡地说:“您虽然没有要我做,但我觉得这是我应该是做的。”

半年后,李凡凡被提升为 Jason 的特别助理兼行政部经理。几年后,当她的下属问及她成功的秘诀,她笑着说:“没有什么秘诀,就是要自觉地做事,让老板看到你的能力。”

李凡凡自觉地留在办公室,使 Jason 随时可以召唤到她,她这样做有额外的报酬吗?没有。但是,她让老板看到她的能力,这给她带来了更大的回报,她获得了提升。

没有人能保证你会成为优秀员工,只有你自己;没有人能阻挠你成为优秀员工,也只有你自己。在工作上自觉主动的员工,会勇于负责,有独立思考的能力。他们不会像机器一样,只会按照别人的指令和吩咐机械地完成工作。反之,有些员工墨守成规,凡事只求符合公司的规则,他们会告诉自己,老板没有让自己做的事,又何必插手呢?又没有额外的奖励!显然这两种截然不同的想法会导致不同的工作表现和工作结果。只有那些能够自觉的员工,才能渐渐成长为优秀员工。

【优秀员工箴言】

优秀员工和普通员工的区别在于,当普通员工在静待老板的指令和吩咐时,优秀员工已经发挥自己的主观能动性,出色地完成了任务。任何时候,他们永远比普通员工更自觉。他们不仅能自觉地完成自己的任务,还会自觉地为老板提出尽可能多的建议和信息,他们也会因此得到提升和赏识。他们比普通员工自觉一点,相应地也就拥有得更多一点。

5. 不局限于分内的工作，把分外的工作当作分内的事

工作有分内分外之分，有些员工对分内的工作做得还比较扎实。然而，对于分外的工作就淡然处之，甚至事不关己，这样的工作态度肯定得不到老板的赏识。

作为一名优秀的员工，不仅要尽职尽责地完成分内的工作，还要自动自发地去做一些分外的工作。这种对分内工作尽职尽责，分外的工作只要有益于人、有益于单位和有益于社会的事情也会热心去做，且尽力而为的人，一定会得到大家的尊重和敬仰，也一定会受到老板的器重和组织的认可。

小胡去人才交流中心应聘工作时，随手将走廊上的纸屑捡起来，放在垃圾桶里。他这一举动恰好被路过的面试官看到了，因此他在众多的求职者脱颖而出，得到了一份很好的工作。原来获得成功也很简单，养成一个好的习惯，只要是有益的事，不分分内分外都积极去做就可以了。

社会在发展，公司在成长，个人的职责范围也随之扩大。面对“分外”的工作时，不妨伸手，并将把“做分外事”当作分内的事，就必定会成长为一名优秀员工。

别局限于做自己分内的工作，而应该坚持每天都为单位、为企业或者为别人做一些有益的分外事。这种率先主动的精神是一种极为珍贵，备受看重的素养。这种素养能影响你身边的人，也能使自己变得更加敏捷和富有激情。

(1)多走一里路，交通不堵塞

“多走一里路，交通不堵塞”这句名言，就是告诉职场中的人们，应该多做一些“分外事”，便于自己在职场中一路畅通。

一个刚大学毕业的女孩应聘到一家公司做行政。虽然工作很忙，但是她依然每天拿出一些时间打扫办公室的卫生，给同事倒茶水等，做一些不属于她本职工作的事。上司看在眼里没有说话。过了几个月，她依旧坚持着做分外的事。上司认定她是一个有始有终并自动自发的人，便让她从事更重要的工作。得到上司的赏识，她的职场路想不畅通都难。

(2)把做分外事当成自己的乐趣

想想看，你做分外事会不会感觉到快乐？比如帮助同事，同事会微笑道谢。总之，做这样的事，既锻炼了自己的能力，也获得大家的青睐。这是多么令人开心的事。

(3)在做分外事中提高自己的能力

梦荷刚进入出版公司时，她只是一名普通的文字加工者。可是，她有一个梦想，她想成为一名作家。于是，她开始经常帮编辑写一些东西，或是帮助编辑做一些市场调研的工作。一年过去了，她充分掌握了市场的需求和写作的技巧。她抓住机会，开始写作，后来成为了一位著名作家。

如果你每天只做本职工作，那对于自己技能的提高是非常缓慢的，所以，你就有必要做一些分外的事。

从现在开始，别局限于分内的工作，把分外的工作当作分内的事。如果你是一名货运管理员，也许可以在发货清单上发现一个与自己的职责无关的未被发现的错误；如果你是一个过磅员，也许可以质疑并纠正磅秤的刻度错误，以免公司遭受损失；如果你是一名邮差，除了保证信件能及时准确达到，也许可以做一些超出职责范围的事情……这些工作也许是专业技术人员的职责，但是如果你做了，就等于播下了优秀员工的种子。

【优秀员工箴言】

主动多做一些分外的事，你的水平就能获得极大的提高。对于今天的员工来说，应该适应各种职位的需求。也许就在不远的将来，你的上司会把一封升职信放到你的桌上。

6.要成为优秀员工，就得主动创新

在现代公司里，老板对于员工的考核，已经不再局限于专业技能的考核。一个具备创新意识和创新能力的员工，更容易受到老板的器重。当今社会已步入一个创新时代，要成为优秀员工，就得主动创新。不创新的员工最容易被公司抛弃。然而，在公司里，许多员工只是抱着坚守本职工作岗位的态度，因循守旧，缺乏创新精神，认为创新是老板的事，与自己无关，自己只要把分内的事做好就行。

这种想法当然是错误的。在如今这个竞争激烈的职场中，你拥有的技能别人也有，你拥有的经验别人也有，要想从众多人才中脱颖而出主要取决于你是否拥有创新能力，你的创新能力比别人强，成功的可能性就比别人大。

张敏是一家酒店的客服人员，在为顾客提供服务的过程中，张敏发现酒店的顾客有些改变，在她服务的顾客里面，小孩越来越多。经过观察，现在大家都喜欢全家一起出游度假。张敏认为要想让酒店的生意更好，就应该为入住酒店的小孩提供一些更为适合的服务。

于是张敏把这个想法主动告诉了酒店的客服经理。经理认为张敏的想法不错，于是就组织人们进行讨论。一个月后，酒店设计出了一些完全符合小孩的服务项目，并很快实施。

酒店为小孩专门设定了一些安全设备。比如专门为儿童设计的起床照明小夜灯……不仅如此，酒店还为儿童量身订制了营养套餐等。

酒店为儿童设计的这些设备和提供的服务，受到了所有带小孩的客人的欢迎，酒店的生意比以前更好了。而这一切都源于张敏的创新想法，为了表彰张敏，并鼓励所有员工都能够向张敏学习，酒店决定给张敏升职加薪。

一个主动创新的员工，是在事业上跑得最快的员工，这样的员工才会前程似锦。而一个员工如果故步自封，他将最终被淘汰。

在台湾，人们吃早餐的时候，都喜欢喝上一碗豆浆，有些人习惯在豆浆里加上一个鸡蛋，当然也有些人不喜欢加鸡蛋。在一个早餐店里，服务员每次为顾客盛豆浆的时候，都会问顾客："要不要给豆浆加鸡蛋?"结果很多人都说不要。如此下来，店里的鸡蛋总是卖不出去。看到这种情况，服务员主动想了一个办法。他每次给顾客盛豆浆的时候都问："要一个鸡蛋还是两个鸡蛋?"很多顾客都会回答："一个就够了。"就这样，店里的鸡蛋比以前多卖出一倍。

优秀的员工在遇到问题时首先想到的是主动创新，找方法，因为只有这样，才能够在工作中取得更大的成绩，才能为公司带来丰厚的利润，从而让自己不败于职场。毫无疑问，每个人员都应该争当主动创新的一流员工。那么，面对工作中的实际情况，我们应该如何主动创新呢?

(1)克服从众心理

虽说公司里的员工不一定每个员工都是同一种类型，但在同一个公司中往往有一种"必须这样行动"的约束。而实际上，人是各有特点的，对于同一件事，每个人可以按自己的方式来处理，这比强求一致的方式要好得多。

(2)否定唯一正确的方法

从进入学校的第一天起，老师往往就告诉我们每一问题都有一个相对正确的答案。然而许多重要的结论都是开放性的。如："失去了工作我该怎么办?"明显正确的方法应该是："重新再找一个。"但是另一个也正确："加强学习，学习新的职业。"第三条同样正确："开创自己的事业。"

(3)重视模糊思维

毫无疑问，逻辑思维方法能将新思维置于死地，因为它排除了看来似乎矛盾的各种可能性。模糊思维像一块自由的天地，在这里，新思想能够很快地发芽。模糊思维有一种相似性和类推性，能够帮你很快地解决问题。

在职场中，能否主动创新，是成功者和平庸者之间的分水岭。拥有主动创新意识的人在遇到问题和困难的时候，会积极主动地思考解决方法，而没有创新意识的人则会有一种惰性，总喜欢凡事都按照固定的模式去做，结果做来做去，总是平平庸庸，没有丝毫的进步和改变。

在海尔集团，为了鼓励员工创新，公司对每位员工搞的小发明、小创造都会以员工的名字命名，如"云燕镜子""晓玲扳手"等，这些特色名字在海尔集团每年都会增加几十个。这些小小的创新在海尔集团的生活和技术改造等领域发挥了极大的推动作用。

【优秀员工箴言】

比尔·盖茨说："摒弃墨守成规的工作方式，才是我所需要的员工。"所以，在工作中，不要盲从，做毫无个性的跟随者，要有自己的创意，敢于打破"墨守成规"的桎梏。一句话，主动创新就是生命活力的激发，是自动自发的有力武器。

7. 既要做到自动自发，又要把握好主动的尺度

某公司来了一位实习生小陈，他很想通过自己的努力留在公司。可以说他是一个非常主动的人，对同事主动，对上司更是如此。

一次，部门一位同事要公派出国，于是大家为这个同事饯行。在酒桌上，大家都说着惜别祝福的话，小陈却不顾当时气氛,频频向上司敬酒,还说了很多热情洋溢的话,使气氛很不和谐。后来部门开会时,他又站起来主动发表了很多毫无意义的观点。一下子,大家就对他产生了不好的印象。最后,小陈没有被留下来。

小陈可以说是一个自动自发的人,但他没有把握好主动的尺度。过分主动会给人一种上蹿下跳的感觉,极易让人反感。特别对于一个初入职场或刚到一家新公司的人,要注意观察周围的环境,了解该公司的文化,而不是一味地“胡乱”主动。

自动自发是一种特别的行动气质,也就是说主动做自己该做的事,不用别人去催。身在职场,拥有自动自发的气质是一种难能可贵的事,也是成长为优秀员工的必备条件。但是这个主动也需要一个度,过犹不及。如何把握这个度,是职场里的我们应该好好学习的一课。

(1)不要抢了别人的活

把同事职责范围内的任务抢来做,既会使自己的身体劳累,又会让人感觉你抢了他的饭碗。身在职场,要做到自动自发,就要学会冷静观察,然后再做出相应的反应。在一些人际关系复杂的地方,如果你太过自动自发,可能使同事和上司感到不受尊重,甚至产生威胁感。

(2)主动过度让人心生防范

优秀员工要有自动自发的精神,这会让你获得成功。但也不能过分自动自发,否则会使人觉得虚情假意而有所戒备,无形中让对方筑起了一道心理的防线。

(3)表现主动要找好对象

如果你有机会负责一些比较重要的工作,你可以巧妙地把成绩显示出来,以增加你在公司的知名度。但是表现自己也要注意分寸,注意找对对象。如果你负责琐碎的工作时,就不方便把成绩向任何人显示,因为这种工作任何人都可以做好,处处显示反而给人炫耀的感觉。

【优秀员工箴言】

把握好主动的尺度,注意职场言行,掌握好分寸,从而处理好和同事之间的关系,才会得到老板的赏识。做到自动自发又不越位,就可以笑傲职场了。

8.你不仅仅是一个打工者

现在的许多上班族总是处在一种茫然状态，他们每天在茫然中上下班，到了固定的时间领回固定的薪水，高兴或抱怨一番后，然后继续茫然地上下班。他们从不思考关于工作的问题：什么是工作？工作是为了什么？可以想象，这样的人，他们只是被动地应付工作，为了工作而工作，在他们心中，自己只是一个打工者。这样，他们不可能在工作中投入全部的热情和智慧。

郑忠是一个木匠，并且以勤奋深得老板的信任，在做了三十年后，已近古稀之年的他想退休回家与妻子儿女享受天伦之乐。老板十分舍不得他，再三挽留，但他去意已决。老板只好答应了他的请求，但希望郑忠能再帮助他建最后一座房子。郑忠答应了。

在建房子的时候，郑忠心里只想着回去与家人团聚，老板再怎么信任他，他也只是一个打工者。于是，在用料上他没有原来严格了，做出的活也没有以往的水准。老板看在眼里，什么也没有说。

等房子建好以后，老板将钥匙交给郑忠："这是你的房子，是我送给你的礼物。"郑忠愣住了，悔恨和羞愧溢于言表。他一生盖了无数美丽绝伦的房子，却给自己盖了这样一座粗制滥造的房子。

这个故事看起来并不太符合现实，以现在的房价，老板不可能送你一幢房子。但这个故事却生动地说明了你所做的努力并不完全是为了老板，你不仅仅是一个打工者，你的工作归根结底是为了自己。

优秀员工与普通员工之间最大的区别，那就是，前者乐观自信，善于自我激励，有种自我推动的力量促使他去工作；后者却是悲观失望，心里总想自己是个打工者，对工作只是应付心态。

进入职场的我们，虽然受雇于公司，可是有一点要明白：我们不仅是公司的雇员，更是公司的主人，也同样是所任职位的主人。

优秀的员工是不会有“我不过是在为老板打工”这种想法的，他们把工作看成一个实现抱负的平台，已经把自己的工作和公司的发展融为一体了。从某种意义上说，他们和老板的关系更像是同一个战壕里的战友，而不仅仅是一种上下级的关系。对于优秀的员工来说，无论从事什么样的工作，他们已经是公司的老板了，在他们的眼中，是在为自己打工。

英特尔总裁安迪·格鲁夫应邀对加州大学伯克利分校毕业生发表演讲的时候，曾提出这样的建议：“不管你在哪里工作，都别把自己当成员工，应该把公司当作自己开的。事业生涯除了你自己之外，全天下没有人可以掌控，这是你自己的事业。你每天都必须和好几百万人竞争，不断提升自己的价值，增进自己的竞争优势以及学习新知识和适应环境，并且从转换工作以及产业当中虚心求教，学得新的事物，这样你才能够更上一层楼以及掌握更新的技巧，才不会成为 2015 年失业统计数据里头的一分子，而且千万要记住：从星期一开始就要启动这样的程序。”

那么，我们应该怎么做，才能够把自己当作公司的老板，而不是一个打工者呢？

(1)全心全意地投入到你的工作中

自己的工作士气要自己去保持，不要指望公司或是任何人会在后头为你加油打气。为你自己的能源宝库注入充沛的活力，全心全力地投入到工作中，为自己创造出独一无二的能力，并且乐在工作的冒险历程当中。

(2)把自己视为合伙人

培养与同事之间的合作关系，以公司的成败为己任，像对待自己的产业那样对待自己的公司是一个青年人在事业上取得成功的重要条件。

(3)迎接变革的需求

公司需要的是高性能的员工，我们必须持续不断地自我提高，否则根本不可能在自己的专业领域上保持优势地位。你只有两种选择，第一是终生学习并立于不败之地；第二则是成为老古董，被时代淘汰。

树立为自己打工的信念，做到比老板更积极主动地工作，在自己的工作岗位上发光发亮，培养出企业家的精神，创造出一番新的局面。

【优秀员工箴言】

别把自己当成打工仔，乐观自信起来吧！不要墨守成规，更不要画地为牢，要善于寻找一切工作的机会，超额圆满地完成老板交给你的任务。

第十章

勤奋刻苦，下一个优秀员工就是你

“一勤天下无难事”，优秀员工的第一个吻触，肯定是先落在勤奋刻苦的脸颊上。勤奋刻苦要求我们在做任何事情时都要比别人多付出一点，做事时不拈轻怕重，不投机取巧，勤勤恳恳，这样的员工才称得上是优秀的员工。

1.

勤奋是成长为优秀员工的“催化剂”

天才出于勤奋。任何一个人的才能都不可能是天生就有的，是靠勤奋换取的。一个人不管是在一个平凡的岗位上，还是在一个重要的岗位上，只要勤奋，梦想终究会实现。

许多老板心目中最理想的员工，不是最聪明、最能干的员工，而是最勤奋的员工。老板们从来没有能像今天这样如此看重一位勤奋的员工，并给予他们如此多的机会。不论哪个行业，都非常敬重勤奋工作的员工。

陈秦中专毕业到一家公司面试，由于他没有学历和经验，公司不愿意聘请他。陈秦对公司的老板说：“我愿意免费给你干五个月。”正因为这个原因，陈秦被留了下来。

刚开始陈秦的工作是发传单，但是在发的时候，常常有人问他一些情况，但陈秦的普通话说得不好，好多人都听不清楚他说的话，误解了他的意思。此时的陈秦认为，不管是学历还是普通话，唯有勤奋才可以弥补。

于是，为了练习普通话，陈秦找来小学课本，从汉语拼音开始学起，经过一段时间的刻苦努力后，他终于练好了普通话。于是他又开始练胆子，因为他知道胆量，是他以后工作必备的一项心理素质。陈秦专门跑到人多的地方，大声喊出自己的名字，周围的人都以为他是个疯子，但是他顾不了那么多了。他想到自己要成功必须要勤奋、更加刻苦。渐渐地，陈秦有了胆量。

五个月后，陈秦不仅成为公司的正式员工，还成为销售部的

主管。虽然一路走来非常辛苦，但是陈秦通过自己的勤奋和刻苦成就了自己的未来。

没有什么比这样的故事更能使人心灵受到震撼的了。陈秦并没有出众的才华，也没有什么显赫的出身，他只是一个连工资都没有的发单员，但他勤奋，他靠自己的勤奋取得了巨大的成功。陈秦的经历告诉我们，不管你现在所从事的是什么工作，不管你是一个清洁工人，还是白领人士，要想在这个时代脱颖而出，你就必须付出比以往任何时候更多的勤奋和努力。拥有积极进取、奋发向上的心，加上你勤勤恳恳地努力工作，你就会成功，就会得到老板的认可。否则你只能由平凡转为平庸，最后变成一个毫无价值和没有出路的人。

如果说成功有一条捷径的话，那只能是勤奋，一个人想通过好吃懒做获得成功是不可能的。虽然成功与环境、机遇和学识等外部因素也有一定的关联，但成功更重要的是你的勤奋。

许多人都抱怨自己的老板太苛刻了，根本不值得如此勤奋地为他工作。然而，他们忽视了这样一个道理：工作时虚度光阴会伤害你的老板，但受害最深的却是你自己。有些人挖空心思费尽精力来逃避工作，却不愿将同样的精力和心思用在自己的工作上。这种人自以为聪明盖世，可以骗得过老板，其实，他们欺骗的正是他们自己。一位优秀的老板会很明白，员工的勤奋会带来什么样的结果；他也很清楚，一名懒散的员工会给自己带来什么。难不成，他会把升迁和奖励送给那些耍小聪明的人吗？

有些员工工作特别散漫，当然，他们也有冠冕堂皇的理由：老板一点也不看重我，他并没有注意到我为工作所付出的努力，又不增加我的薪水，我干吗那么卖力气呢？

请让我们换一个角度来思考一下这个问题：在一些手工业里，一些孩子为了能够掌握一门手艺，常常多年跟随师傅苦干，却没有得到哪怕一分钱，他们却毫无怨言。为什么呢？因为他们懂得，勤奋虽然会为别人创造更多的效益，但更多是为了自己。人生重要的不是现在，而是更久远的未来。薪水虽然少些，但能有一个好的学习经验和技能的机会更重要。他们的目标是为了未来能开办一家自己的作坊和店铺，为此他们努力地付出。在这个目标面前，薪水显然不是个重要的问题。眼睛只盯着薪水的人,得到的便永远只是温饱。

勤奋工作就是为自己的现在和将来而努力,无论薪水是多少,那只是你从工作中获得的一小部分。你的老板可以掌握你的薪水,但他无法蒙上你的眼睛,捂住你的耳朵,他不能阻止你去接受新的知识,培养自己的能力,不能阻止你为将来而努力。勤奋工作,其实正是一种等待,一种积蓄,一定要学会在勤奋工作中耐心地等待,等待他人的信任和赏识,才能使自己的努力得到回报,才能迈向更高的目标。

所以,作为一名员工,一定要勤奋,因为勤奋是你成长为优秀员工的催化剂。

【优秀员工箴言】

贪图安逸会使一个人堕落,无所事事会使一个人退化,唯有勤奋工作才能给自己带来真正的幸福和快乐。因此,不管你是为了加薪也好,为了自己有所提升也好,都必须勤奋起来,使自己更加努力,勤奋会像助推器一样把你推到你想得到的机会面前。

2.

加倍付出才有加倍收获

石油大王洛克菲勒在回忆自己以前的经历时说:“我年轻的时候给别人打工,别人一天工作八个小时,我一天工作十六个小时,我觉得这样不仅对公司有好处,对我自己也有很大的收获,因为这样我就可以比别人多收获一点。”

要成功必须加倍努力,而且要比别人更努力。种瓜得瓜,种豆得豆。只有不平凡的过程,才会产生不平凡的结果。对员工来说,在设立一定的目标后,必须全身心投入到工作之中,所有的计划一定要按时完成。在超越自己本身以外，一定要更努力地超越你的竞争对手。要超越竞争对手，就必须要比对方付出更多的辛劳和智慧，而这是以积极主动为前提的。

对于一名普通员工，如果你能比别人付出更多一些，就能从竞争中脱颖而出。一个人在工作中如果能够尽职尽责地完成自己的工作，那么他可以称得上一名称职的员工。如果一个人在尽职尽责的基础上，能够比别人做得更多一些，那么他就是一名优秀的员工。

世界上最伟大的推销员吉拉德在被记者问到为什么连续十一年都被称为世界上最伟大的销售员时，他回答说："就是每天比别人多付出一点。"记者继续问："那怎么样才能比别人付出更多一点呢？"吉拉德笑着回答说："每天比别人早一个小时上班，每天比同事多打一个电话，每天比同事多拜访一个顾客。"

正如吉拉德所说，其实成功没有什么特别的窍门，成功就是比别人多付出一些，只有加倍付出才会有加倍收获。

毛宏是公司营销部的一名员工。一次，公司要参加国际产品展示会，在开展之前，有很多工作要做，包括展位设计和布置，展示样品组装等。因为时间紧急，营销部的员工都很忙。在工作时间，大家都积极主动地去完成任务，可是一下班，大家和平常一样，不肯多干一分钟，时间一到，就回家去了。

在开展的前一天晚上，老板亲自到会场检查工作。到达会场时已经是晚上11点了，老板看到毛宏一个人正趴在地上，认真地布置展品。老板问毛宏："是经理让你留下来的吗？"

毛宏说："不是，是我自己留下来的。"

老板听完，并没有说什么，就走了。展会顺利结束后，回到公司，老板提拔毛宏做营销部的经理。

毛宏因为比别人付出更多一些，所以比别人得到了更多的机会，最终获得了提升。比别人付出更多一些其实非常简单，大到你对工作的态度，小到你正在做的工作，哪怕只是接听一个电话，复印一个文件，只要能够比别人付出多一些，你就会收获比别人多一些。

当然比别人付出多一些不是因为你一时兴起多做一些，它需要你的勤奋刻苦，要克服自己懒惰、拖延的习惯，做到这些，你就一定可以把工作做得更好，从而比别人进步更快，你也就离优秀员工更近一步。

一个员工要想让自己更优秀、更卓越、更成功，就一定要懂得加倍付出才会有加倍收获，时刻问自己："我是否比别人付出了更多一些呢？"

【优秀员工箴言】

不要贪图安逸，这只会让你堕落，使你退化。只有勤奋工作才能获得成功、财富和荣誉。不要遇到困难就打退堂鼓，更不要因此就敷衍了事，勤奋将指引你越过所有的艰难险阻，直到成功。

3. 比别人多做一点

"横眉冷对千夫指，俯首甘为孺子牛。"这是鲁迅对于牛的称赞。孺子牛之所以被称赞，是因为它具有勤奋的优良品质，不怕吃苦且毫无怨言。一个员工之所以受到重用，在平时肯定是一个勤奋刻苦的人。

大多数人更愿意找些借口来搪塞，而不是努力成为优秀的员工。因为人们必须付出巨大的心力才能够成为优秀的员工，但是如果只是找个借口搪塞为什么自己不全力以赴，那可真是不用费什么力气。

你需要付出相当的代价才能让自己变得更强壮；如果你想跑得更快、跳得更高，就需要付出代价。一个成功的推销员用一句话总结他的经验："你要想比别人优秀，就必须坚持每天比别人多访问五个客户。""比别人多做一点"，这几乎是事业成功者高于平庸者的秘诀。

真正的成功是一个过程，是将勤奋和努力融入每天的生活过程。当亨利在美国《论坛报》做责任编辑时，刚开始时他一星期只能挣到 6 美元，但他还是每天平均工作 13～14 小时。往往是整个办公室的人都走了，只有他一个人在工作。“为了获得成功的机会，我必须比其他人更勤奋地工作。”他在日记中这样写道：“当我的伙伴们在剧院时，我必须在房间里，当他们熟睡时，我必须在学习。”后来，他成为了美国《时代周刊》的总编。

美国著名出版商乔治十二岁时便到费城一家书店当营业员，他工作勤奋，而且常常积极主动地做一些分外之事。他说：“我并不仅仅只做我分内的工作，而是努力去做我力所能及的一切工作，并且是一心一意地去做。我想让我的老板承认，我是一个比他想象中更加有用的人。”

有时，你甚至不必比别人多做许多，只需一点，就可以从众人中脱颖而出。这是一名著名投资专家得出的一条很重要的真理。他指出，取得突出成就的人与取得中等成就的人几乎都做了同样多的工作，他们所做出的努力差别很小，就在于——比别人多做了一点。但是，就是这微不足道的一点点区别，却会让你的工作大不一样。

一位微软员工描述他在微软典型的一天时说：“在微软情形是这样的，早上醒来去上班，工作觉得饿了，下去吃点早餐接着干，干到觉得饿了吃点午餐，一直工作，直到累得不行了，然后回家睡觉。”

微软倾向于选择勤奋工作的人，他们愿意苦干，因为他们懂得，只有比别人多做一点，下一个优秀员工才轮得到自己。

天道酬勤。一个勤奋不畏艰苦，不怕累，不抱怨的人，通常成功的概率要大一些，而且还会赢得别人的尊重。所以，你一定要勤奋地工作，不怕苦和累，这样，即使没有取得显著的成绩，这一番劳苦也会赢得上司和同事们的好感，将来对你的晋升有益无害。

在工作中，我们应该如何比别人多做一点呢？

(1)接受别人不愿意接受的工作

日本东芝集团CEO在向记者谈起他的成功之道时诙谐地说：“我之所以成功，是因为我专拣别人不愿意干的职位。”如果你认为做别人不愿意做的事会吃亏，因而与其他人一样排斥这个工作，那你就和其他人一样，永远也不可能成长为优秀员工。如果你能够主动接受别人所不愿意接受的苦差事，并能够从中体会到无穷的乐趣，你就能够克服艰苦，达到他人无法达到的效果，获得他人永远得不到的丰厚回报。

(2)热爱工作

优秀员工几乎都有一个共同的特征：对自己所从事工作的热爱和执着。一个优秀的员工应该懂得：只有“干一行，爱一行”，才能干好一行，在这一行做出成果。即使这项工作非常苦累，一旦接受，就应该尽职尽责地干好，而不是天天抱怨“这工作太累人了”。

获得成功的秘密在于不遗余力——比别人多做一点。多做一点会使你最大程度地展现自己的工作态度，最大限度地发挥你的天赋，使自身不断升值。

【优秀员工箴言】

比别人多做一点，你的工作可能就大不一样。保质保量地完成自己的工作的人，是称职的员工。但如果在自己的工作中再比别人多做一点，你就可能成为优秀的员工。多做一点是一个良好的习惯。你没有义务做自己职责范围以外的事，但是你却可以选择自愿去做，来驱使自己快速前进。

4. 勤俭节约，也是优秀员工应具备的品质

优秀的员工是懂得节俭、善于节俭的员工，他们不会浪费一丝一毫，更不会占公司的半点便宜。勤俭节约从某种程度上说，也是勤奋刻苦的表现。在公司员工看来，公司的资源似乎如滔滔江水一样取之不尽，用之不竭，不用白不用。所以，就出现了很常见的一些现象：昼夜不灭的“长明灯”，永不“下班”的饮水机，全天“待命”的电脑……

很多员工都存在这样一个认识误区，认为钱是公司的，再省也不会省到自己的腰包里，对公司的节俭总是抱着一种怀疑和无所谓的态度，工作中习惯了大手大脚，铺张浪费。

节约能带来很大的好处。多节约一分钱，要比多赚一分钱容易得多。每位员工都应该知道，自己和公司是一个整体，休戚与共，用最小的代价把工作做好，就是对公司最大的贡献。如果我们能够在工作中处处为公司着想，为公司节省每一分钱，花公司的钱就像花自己的钱一样节俭，总是能积极地开动大脑，花最少的钱办最多的事情，那么，终有一天你会得到公司的重用。否则，你将很难让自己的职场生涯有起色。

邹玉毕业后，幸运地进入了一家大公司，这里工作环境很好，报酬也丰厚，升迁机会也多。邹玉工作十分努力，业绩也不错，所以年终她被上司召见时，心中不免充满希望。

"邹玉，你这一年的工作成绩很好。不过，公司为控制成本要紧缩人员，这是件不得已的事情，想必你能谅解。你可以领取三个月的失业金离开公司了。"

面对这意想不到的打击，邹玉惊呆了，连忙问上司："我哪里做错了，你们要这样对我？"

"据我们统计，你在一年中的出差成本比同类员工的成本高出30%，从你报销的单据可以看出，你从来没有乘坐过比出租车更为方便和快捷的地铁交通，更别说公交车了。你也从来没有吃过旅馆为每位客人提供的免费早餐。另外，你在办公用品方面的领用率也几乎是别人的两倍……"

这就是不为公司节约每一分钱，铺张浪费的恶果。其实优秀员工与普通员工的区别就在于优秀员工总是能够勤奋刻苦，花最少的钱办更多的事，而且尽量一次就把事情办好。他们花公司的钱就像花自己的钱一样，处处为公司着想，处处节俭。具体来说，我们要为公司节省每一分钱，就要做到以下几点：

(1)节约每一度电

首先要做到随手关灯，人走灯灭。早晨办公室光线太暗，可打开灯，此时开灯可以提高工作效率，对眼睛又起到了保护作用。中午太阳升起来了,屋内光线充足的时候,注意及时关灯。

电脑不用时将它调至休眠状态或关掉。一天忙完后,不能让电脑处在待机状态,应该正常关机,断掉电源。饮水机在烧开水后,会处于待机保温状态,此时可断电。

空调的设定温度每降低1℃,耗电量就会相应增加10%,一般来说,既省电又防暑的最佳温度是26℃。夏季办公楼空调温度应调于26～28℃,因为温度在这个范围内,既有保持人体机能的正常水平,又能达到最佳的省电效果。使用空调时关好门窗,午休或办公室没人时,尽量关闭空调。

(2)节约每一滴水

日常生活和工作中水的浪费可谓惊人。一个关不紧的水龙头,即使是细小的滴流,一个月也可以流掉六立方米的水。在平时,水龙头用后及时关闭,及时修理水管水箱,杜绝滴漏水的现象。

至于节水,可谓良方颇多。比如,马桶应安装可随手控制出水量的马桶配件,大便、小便冲洗用不同的水量,可节水50%以上。未采用节水配件的普通马桶,可在水箱中放入两块砖或将浮球向下弯15度,这样可减少水箱的储水量,进而减少每次冲水量。不要把烟灰、剩饭、废纸等倒入马桶用水冲。

还有在刷牙时,如果让水龙头开着两分钟,则要浪费掉18升左右的水,而如果用三杯水漱口,则只需要0.6升水。

(3)减少打电话的次数和时间

争取做到不用公司电话聊天、谈私事,提高打电话的效率。打电话时最好在拿起话筒前拟一份简明的通话提纲,重要内容一字不差地写在提纲上。这样做有利于通话内容的准确、完整和精练,节省通话时间,提高通话效率。

(4)节约每一张纸

复印纸、公文纸统一保管,按需领取,节约使用,尽可能双面复印。公共卫厕使用的卫生卷纸要节省使用,禁止盗拿。

平时工作所必需的表格等,最好改成双面打印,这样就可以节省一半的纸张。在非正式文件里,可适当缩小页边距和行间距,缩小字号。在打印时,能不用加粗或黑体的就尽量不用,也能节省墨粉和硒鼓。在工作中，要充分利用好办公自动化系统，大力推进无纸化办公，能用电脑网络传递的文件尽量用网络传递。

当然，节约成本远不止表现在以上几个方面，还需要在工作中多多留心，坚持少花钱多办事，不该花的钱不花，能少花的钱不多花，不必要办的事不办，可勤俭办的事不铺张办。

【优秀员工箴言】

为公司节省每一分钱是一个优秀员工应有的意识，我们在平时工作中应积极培养自己花最少的钱办最多的事情的能力。如果我们这样做了，公司就有可能一步步发展壮大，这对我们无疑有好处，并且节省下来的钱，说不定某一天就会以某种方式变成对我们的奖励，何乐而不为呢？

5. 早起的鸟儿有虫吃

“早起的鸟儿有虫吃”，这是一句从老一辈那儿流传下来的俗话，就是告诉人们不能懒惰，要勤奋才能获得你想拥有的一切。即便在今天风云变幻的职场中，这句话依然很受用。职场的风云变幻更加需要“鸟儿早起”，这样才能捉到“虫子”。“晚起的鸟儿”只会被“活活地饿死”。

“早起”就是勤奋，只要勤奋就会有更多的机会。勤奋的人懂得快别人一步，步步先于别人。只有早计划、早准备和早行动，鸟儿才会有虫吃。等那些懒洋洋、慢吞吞的鸟儿起来找虫时，早起的鸟儿早就吃得饱饱的，精力充沛地开始了一天的新生活。一代文学巨匠鲁迅先生，他 13 岁时就在自己的课桌上刻上一个“早”字。那个刻在课桌上的“早”字，一直激励着鲁迅先生在人生路上不断前进，提醒着他要“时时早，事事早”，最终成就了一代文学巨匠。香港首富李嘉诚曾经说过：“昨晚多几分钟的准备，今天就少几个小时的麻烦。”要想在激烈的竞争中走到别人前面，那就早些打点行装，准备上路。即使早行的路上会有薄雾遮眼，但只要朝着东方跋涉，必然会成为最早迎接朝阳的人。

在职场生涯中，贪图安逸只会让你越来越堕落，无所事事只会让你退化，只有勤奋工作才能让你获得成功，才能给你带来真正的幸福和乐趣。在竞争激烈的短跑比赛中，许多短跑运动员为了在起跑的时候提高零点几秒的成绩而付出了巨大的努力。这是因为这零点几秒的优势很可能成为最终取得胜利的关键。想要欣赏到最壮美的日出风景，就必须在日出前攀登上山顶。生活和工作中总有着这样或那样的机会，可真正能抓住这些机会的，往往是那些有准备的人。

任何一个公司的管理者，都喜欢那些对工作勤奋刻苦的员工，拥有“早起鸟儿有虫吃”的思想的员工永远都是受欢迎的。而且，在一个公司中，最容易得到晋升的并不一定是具有杰出工作才能的人，那些具有良好工作技能并在工作中勤奋刻苦的人也能得到管理者的赏识。只有勤奋的人，才能在这个人才辈出的时代走出一条属于自己的职业道路。

小风是一家建筑公司的总经理。看着坐在高档办公室里的小风，谁能想到他当初是作为一名普普通通的送水工人被招聘到这家建筑公司的。

当时，刚刚被招聘到公司当送水工人的小风并不像其他送水工人那样抱怨工资太低。当其他送水工躲在墙角抽烟的时候，他总是默默地给每一个工人的水杯倒满水，并且在工人休息的时候向他们询问关于建筑的各项工作。不久之后，勤奋好学的小风引起了建筑队长的注意，队长破格录用他为建筑工地上的计时员。当上计时员的小风勤恳地工作，他总是公司里最早上班，最晚下班的那个。

就这样，这个勤奋的年轻人一步步登上了总经理的职位。

小风没什么出众的才华，最初他只是一个普普通通的送水工。但是，凭着勤奋工作，他幸运地得到赏识，一步一步地实现了自己的人生价值。他的奋斗过程比任何一种誓言都要感动人心。

要想在这个时代脱颖而出,你就必须付出更多的努力,拥有积极进取奋发向上的决心,这样才能使你摆脱平庸,真正成为一个有价值的人。一定要记住:早起的鸟儿有虫吃!

【优秀员工箴言】

不管你现在从事什么样的工作,你无论是普通的建筑工人,还是IT精英,只要勤勤恳恳地工作,就会成功的。

6. 多做有益,不拈轻怕重

什么是多做有益?多做有益就是做得越多,好处越多,意义也就越多。不拈轻怕重,就是要求不能只做轻松简单、付出少收获多、没有责任压力的事情,拒绝面对艰辛困难、付出多回报少、有重大责任压力的事情,做一个成功的职场人士很简单,关键在于你会做出怎样的选择。

对于勤奋的员工来说,工作时间不分内外,鸿海集团总裁郭台铭就曾说过:"我创业超过35年,几乎每天都工作15个小时,这个习惯还是在我打工时养成的。"

对于普通员工来说,特别是刚进入公司、尚欠缺经验的新人,更应当利用工作以外的时间学习相关的技术知识,这些都能使个人的经验、技能得到更快的提升,比别人多走一步,就能比别人距成功更近一步。

某镇有一个年轻人,他具有极高的雕刻天赋,在25岁时就被推选为村里的雕刻组长。刚上任时,年轻人工作热情很高,经常将难度较高的工作留给自己。一次,由于生病,年轻人不得不将手里的作品交给组员完成,当他病好后发现其他组员将他安排的工作完成得很好，作为组长的他也受到了表扬。从此，这个年轻人对雕刻任务就有些不上心，将大部分工作都交给别人完成，自己只挑选最简单的。

过了几年，县里成立了雕刻工作队，年轻人也被调进了工作队。在工作队中，雕刻人员可以自己选择雕刻任务，年轻人开始去动手雕刻一些复杂的作品，但没过多久，就发现即使不动手也不会有人发现，于是他干脆连最简单的轮廓也不雕了，每天都是提提水，擦擦雕刻作品。

后来，年轻人几乎没有动过一下雕刻刀，雕刻技术慢慢荒废了。当他被辞退回到镇上后，凭借以往的名气继续担任镇上雕刻组长。但此时变更政策，即使是组长，每个月也要交出作品。年轻人只得重新拿起雕刻刀和小铁锤，叮叮当当地敲打起来。但做出的作品却粗糙低劣，村里没有人再找他做雕刻。为了养活自己，年轻人只得给镇上一户雕刻人家当磨石头、削木块的小工，晚年落魄潦倒。

一个雕刻天才，却因拈轻怕重荒废了精湛的雕刻技艺，沦落为一个磨石头的小工，这一结局不禁让人唏嘘。而在工作中，相同的事情屡见不鲜，结果也惊人的相似。这让人不禁提出疑问，为什么拈轻怕重会让人懒惰甚至退步？

(1)从责任大小上来说，拈轻怕重的人希望做责任小或干脆不必负责的工作，对关乎重大责任的工作或任务却躲得远远的，久而久之，没有了责任的监督，精神上就会变得懒散。

(2)从艰难程度来说，拈轻怕重的人总想做容易简单的甚至是易如反掌的事情，对复杂工作避而远之，个人能力因缺少学习与磨炼而在原地踏步，错过成长的最佳机会。

(3)拈轻怕重会让人变得平庸。拈轻怕重就像一只整日与鸡群厮混的鹰，整日只想着在地面上跑来跑去啄食，不憧憬在高空翱翔，即使拥有鹰的外表又有何用？人也是如此，不管能力有多强，如果不时刻经历“重”的考验，而满足于“轻”的享受，再高的能力也会因为缺少磨炼而变得平庸。

【优秀员工箴言】

勤奋的员工不一定是优秀的,但优秀的员工必然是勤奋的,他的勤奋首先体现在多做事、多干活上。

7. 做事不怕苦不怕累

做事不怕苦不怕累,就是要求员工在工作中应当有吃苦耐劳的精神,工作很少有一帆风顺的情况,人生都会遭遇挫折和失败,正如光明到来之前要经过漫长的黑暗一样。因此,我们面对生活中随时可能出现的逆境或不理想状况,一定要做好足够的心理准备,要不怕苦和累,在遭遇挫折时能咬紧牙关,在面对困难时绝不低头,只要坚持,坚持,再坚持,我们就会熬过去,就会接近成功。那么,在工作中我们应该如何体现自己不怕苦不怕累的品质呢?

(1)要有吃苦耐劳的精神

吃苦耐劳是获取成功的秘诀,也是每一位渴望走向成功的人应该具备的基本素质。有道是"苦尽甘来",当一个人通过勤劳苦干,将自己的能力提高到一定的程度时,自然有各种发展机会降临。"吃不了苦"是当下一些年轻人的通病,他们总是对目前的工作感到不满,总想找一个既轻松又能赚大钱的工作,结果往往是好机会没有降临,宝贵的年华却虚度了。现在,一个让公司最头疼的问题是:新招来的员工吃不了苦,没有一点吃苦耐劳的精神,有些人在公司里干了几天,甚至才干了几小时就辞职走人,没有坚定的意志。

台湾三生制帽董事长戴胜通就是一个能吃苦耐劳的人。他每当谈起自己的经历时百感交集。

戴胜通的第一份工作就是卖帽子。春天,他骑着一辆破旧的摩托车,到清水、大甲等地收购手编的帽子。当帽子收到一定数量后,再运到各地批给帽席行。到了七八月份,他再沿着发放帽子的路线收钱。无论是卖帽子或者收帽子,他经常几个星期都不在家,整日风餐露宿,受尽白眼。想当年,他能为家人做的比较奢侈的事,也只是半夜自台北回家后在面摊带一个鸭腿当宵夜,他清楚地记得睡眼惺忪的妻子吃完鸭腿的满足感。

一位知名企业家说过:"一个优秀员工要有吃苦耐劳的精神。"现在有些青年员工,刚到公司工作时决心很大,可到最后总有一部分人被淘汰,而一部分人则成为了岗位操作能手。为什么?其中的关键是被淘汰的这部分人缺乏吃苦耐劳的精神。任何一种工作都辛苦,但美好的生活是靠我们的双手劳动去争取的。有多少付出,就会有多少收获。

(2)迎难而上也要考虑客观事实

没有一个人希望自己的职业生涯充满崎岖坎坷,但工作不可能永远简单容易,轻松愉快,这是一种客观事实。客观事实是无法回避的,不妨将它视为一个资本,为成功积累财富。迎难而上彰显的是一种昂扬的精神状态,但它并不是盲目蛮干,而是要秉承求实的态度,充分利用专业技能、他人经验等对问题进行分析,再提出切实可行的方案。

作为员工也是如此,在做好不怕苦不怕累的心理准备之后,首先应当看清客观事实,将困难估计得大一点,把解决问题的措施想得更充分一些,把各项工作做得更扎实一些。这样,当你在面对困难时,才能做好充分的心理准备,制订出合理的计划方案,应对工作中出现的每一个问题。

(3)咬紧牙关坚持到底

古话说:"天道酬勤。"意思是上天总是眷顾勤奋吃苦的人。无论工作困难多大,作为一名员工,也应当将解决问题作为最终目标,咬紧牙关坚持到底,而不是畏惧退缩或纠缠不清。工作中的困难与艰苦不仅能考验一名员工的勇气与胆识,还考验他的决心与意志。困难不会只出现一次,而是随着情况变化不断出现,难度也随之提高,因此与困难的"斗争"是永无止境的。只有咬紧牙关坚持到底的人,才能拥有真正的勇气、毅力和意志。

由此可见，咬紧牙关坚持到底，其实是不怕苦不怕累的更高层次的表现，也是不怕苦不怕累精神的核心与关键。它可以使人获得更大的突破，成就更大的事业。许多成功的职场人士就是因为在最困难的时候坚持下去，最后才能脱颖而出。相反，许多人也就是因为在最困难、最关键的时期突然放弃，才导致失败。要想成为一名优秀员工，应当牢记："最后"往往蕴藏着巨大的希望，咬紧牙关坚持到底，前面就会出现一片光明。那么，在工作中如何才能做到坚持到底呢？这里总结出以下四条原则。

(1)越是遇到挫折，就越是要加倍努力坚持下去，过早放弃只会令问题变得更加复杂；

(2)用勤奋的精神使出所有的力量，不把劳累疲倦作为懒惰的理由；

(3)相信自己的直觉和判断，坚持自己的信念，下定决心后就要勇往直前；

(4)接受他人的安慰，心灵的抚慰会让你面对辛苦与艰难的态度变得更加积极。

【优秀员工箴言】

懒惰会让你的心灵变得灰暗，会使你对勤奋的人产生嫉妒。一个偷懒的人只会看到事物的表面现象，看到别人获得财富，他会认为这只不过是别人比自己幸运罢了，看到别人比自己更有学识和才智，则说那是因为自己的天资不如别人。偷懒的人总是抱怨自己无能，而勤奋的人却会对自己说："我没有什么天资，只会拼命干活换面包。"

第十一章

忠诚感恩，优秀员工成长的阶梯

忠诚是一种品质，一种能力；感恩是一种境界，一种信念。在职业生涯中，每一位员工都应该以忠诚感恩来要求自己，踏踏实实地做好工作中的每一件小事，从而在工作中实现自己的人生价值。

1.忠诚是最基本的职业操守

假如把智慧和勤奋看作金子那样珍贵,那么,比金子还珍贵的就是忠诚。对公司忠诚,感恩于公司,是最基本的职业操守。虽然物欲横流的社会似乎使忠诚变得模糊,也越来越稀缺,但这种属性高贵的品质在任何时候都不会过时,更不会贬值。相反,随着整个社会和公司对员工职业操守的要求日益规范化和严格,忠诚这一品质必定越来越受到人们的重视。

忠诚建立信任,忠诚建立亲密。只有忠诚,周围的人才会信任你、承认你、容纳你;只有忠诚,周围的人才会接近你。老板在招聘员工的时候,绝对不会把一个不忠诚的人招到公司;客户购买商品或服务时,也绝对不会把钱掏给一个缺乏忠诚的商家;与人共事,也没有谁愿意和一个不忠诚的人合作……总之,人活着,就离不开忠诚。忠诚是一个人的立身之本。

对于一名员工来说也是如此。忠诚就是你在公司中稳扎稳打的根,一旦失去这一品质,就像随波逐流的浮萍。没有了对公司的忠诚,可能不会按时完成本职工作,可能不会尽心去做好自己的事,即使能做好分内的事,也不会为公司或自身的长远发展着想。当然,你还可能随时跳槽走人。这样的人,即使能力出众,也不会被领导所器重,更不会被同事所看重。

一个既忠诚又知道感恩的员工在现今这个社会尤为可贵。许多公司花费大量精力去培训员工,但有些员工在积累了相当经验后,却辞职另谋高就了。这种人对公司没有忠诚可言,更不知道感恩于公司。留在公司则抱怨公司和老板的苛责,把一些责任都推到公司和老板身上,这显然有失偏颇。

请记住:忠诚感恩是一个人在公司生存的最大保证。那么,作为一名员工,我们怎么做才算忠诚呢?

1. 要有不忘“糟糠之妻”的高贵品质

当公司经营状态较好时,员工获得的待遇就会较丰厚,这对于任何人来说都是理所当然的事。然而,在公司境况大不如前时,员工又应当怎么做呢?

东汉初期,大臣宋弘随刘秀一起南征北战,出生入死,为建立东汉立下汗马功劳。刘秀对他非常信任和器重,封他为宣平侯,并想将姐姐湖阳公主嫁给他。宋弘知道后,便对刘秀说:“臣闻贫贱之知不可忘,糟糠之妻不下堂。”原来,宋弘和他妻子曾有过一段艰苦困难的日子,他不愿抛下糟糠之妻,而拒绝了刘秀的美意。

万物皆有情,宋弘不忘“糟糠之妻”的举动正是这种忠诚的表现。作为一名员工来说,也应当懂得这个道理。

2. 同舟共济是显示忠诚的最好办法

当一个家庭遇到困难时,最好的办法就是家庭成员齐心协力,团结一致解决问题。同样,当一个公司处于困境时,也需要公司上上下下所有的人同舟共济。当公司陷入困境或危难之中时,作为员工要将公司的利益看作自己的利益,将挽救公司的生命当作挽救自己的生命。只有这样,才能使公司在齐心协力之下走出困境,打败发展道路不可避免的“敌人”。

3. 抵挡住诱惑

这个世界是讲究回报的。当你忠诚于公司时,你所得到的不仅仅是公司的更大的信任,有时你的所作所为还会使企图诱惑你的人感觉到你的人格力量。一个不为诱惑所动,能够经得住考验的人,不仅不会失去机会,反而更容易赢得机会。要做到忠诚,必须有所坚持,有所放弃。你所坚持的东西是你认为值得你珍惜的东西,而你所放弃的可能是对你诱惑最大的东西。并不是所有的人都能经得住诱惑,也并不是所有人都能分清哪些东西是值得珍惜的,哪些东西只是一种诱惑。

忠诚,我们永远都不应该放弃!

【优秀员工箴言】

忠诚是一种操守，也是一种职业良心。坚守忠诚，得到的是荣誉；丧失忠诚，得到的是耻辱。忠诚于自己的工作，忠诚于公司，忠诚于老板，忠诚于领导，是一个优秀员工的基本职业操守。

2.

怀感恩心，坚守你的忠诚

生而为人，要感谢父母的恩惠，感谢师长的恩惠，感谢国家的恩惠；没有父母的养育，没有师长的教诲，没有国家的保护，我们何以存于天地之间？所以，感恩不但是美德，感恩更是一个人之所以为人的基本条件。

然而现在人们，有着国家的栽培，老板的提携，自己尚未能发挥所长，贡献于社会，却总对现实不满，有诸多委屈，好像别人都对不起他，愤愤不平。因此，在家庭里，难以成为善良的家长；在社会上，难以成为称职的员工。

公司是由每一个员工组成的，大家都在为共同的目标和利益努力工作着，公司的生死存亡与每位员工息息相关，公司和员工的利益是捆绑在一起的。因此，无论我们处在什么样的岗位，都必须有责任感。进一步归结起来，责任感本质上来自感恩之心，只有懂得感恩才可以谈得上忠诚。

感恩是忠诚之母，一个人懂得感恩才能成就生命和事业的成功。一个有感恩之心的员工，敬业而忠诚，富有责任感和使命感；一个人有感恩之心的员工，会把对公司的感激转化为勤奋工作；一个有感恩之心的员工，会关心他人、关心公司，对公司负责，与公司同舟共济。

我们从家庭到学校，从学校到社会，重要的是要有感恩之心。然而，人们可以为一个陌路人的点滴帮助而感激不尽，却无视朝夕相处的老板的种种恩惠，将一切视为理所当然，视为纯粹的商业交换关系，这是许多公司老板和员工关系紧张的原因之一。的确，老板和员工是一种雇佣关系，但是在这种雇佣关系的背后，难道就没有一点感恩的成分吗？

静下心来，想想如果你是员工，你的工作是老板提供的，你工作用的设备、文件纸张等都是老板提供的……只要你稍许留意，就会发现你工作的所有都离不开老板的支持，那么难道不应该时时刻刻感谢老板的恩惠吗？

你是否曾经想过，写一张字条给上司，告诉他你有多么感谢他给你这个工作的机会？这种深具创意的感谢方式，一定会让他注意到你——甚至可能提拔你。感恩是会传染的，老板也同样会以具体的方式来表达他的谢意，感谢你为他工作。

你想有所作为，就要做到知恩图报。你应该时刻记住你拿的薪水就像你喝的水，即使挖井人不图你的回报，你也应该有个感恩的态度，至少在适当的时候表示你的感谢。得到晋升的时候，你要感谢老板的独具慧眼，感谢他的赏识；失败的时候，你不妨对自己多了一次锻炼的机会而心存感激。将感恩的心态带到工作中，你不但会因为自己是公司的一员而感到欣喜，还会因此而更加忠诚勤奋地工作。

作为一名员工，怀有一颗感恩的心，我们会更加忠诚。

对公司，我们要怀感恩，因为公司为我们提供了优厚的待遇和物质生活保障，更为我们构建了展现自我价值的平台，使我们的聪明才智找到了茁壮成长的土壤。

对领导，我们要心怀感恩，没有领导的信任支持，我们的努力最终都可能是一场空，领导为我们提供了机会和空间，使我们得以施展自己的能力和才华。

对同事，我们要心怀感恩，个人的力量是渺小的，在激烈的竞争中胜出要依靠团队的力量，凝聚产生力量，团结诞生兴旺，大家共同奋斗，才会创造辉煌的业绩。

当你的努力和感恩并没有得到相应的回报，当你准备辞职调换一份工作时，同样也要心怀感激之情。每一份工作或每一个老板都不是尽善尽美的。在辞职前仔细想一想，自己曾经从事过这一份工作，多少都存在着许多宝贵的经验与资源。失败的沮丧、自我成长的喜悦、严厉的老板、温馨的工作伙伴以及值得感谢的客户……这些都是人生中值得感恩的地方。

如果你每一天都能够带着一份感恩的心情去工作，相信你已经具备对公司、对领导的忠诚之心。你的公司和领导也一定会为你的这份忠诚而感激你、回报你。

【优秀员工箴言】

左手感恩，右手忠诚。学会感恩使我们的聪明才智找到了茁壮成长的土壤。

3. 工作之外的工作成就你的忠诚

自古以来，忠诚就是我们中华民族的传统美德。只有忠诚的人，周围的人才会信任你、亲近你。与人共事的时候，人们都希望和一个忠诚的人合作；交朋友的时候，人们也都愿意结识一个忠诚的人。可见，忠诚是做人的根本。

没有哪个公司的老板会喜欢一个有异心的下属，即使你的能力多么超群，他也不会把重要的事情交给你。因为一个很有能力的员工如果不忠诚于自己的公司和老板，他对公司利益的损害就会越大。所以任何一个老板都更愿意去培养一个有良好品质并忠诚于公司的人。

然而，现如今的员工大都只考虑自己的利益，从来不认为自己要忠诚于老板，他们认为“忠诚”对自己一点好处也没有。不可否认，忠诚于公司，对公司和老板非常的有利，但是最大的受益者更应该是我们自己。因为一旦你拥有了忠诚的素质，你就会100%地投入工作，满怀激情地去迎接挑战，一旦你拥有了忠诚的素质，你就会在工作上尽情发挥自己所长，为完成工作寻找最佳途径，而与此同时你就会得到更多的经验和机会，从而获得更快更好地发展。

丁倩是一家外贸公司的打字员，每天都要勤快地完成自己的打字工作。她长得不漂亮，学历也不高，能有这样的工作，她非常珍惜，因此她非常卖力地工作。在公司里，她处处为公司着想，打印纸能节约一张是一张。

一年后，遇上金融危机，公司到了非常危难的时刻，员工的工资开始告急，公司里的员工看到这种情况，纷纷跳槽。看着公司员工一个个离自己而去，老板非常伤心。这时公司里的办公室员工只剩下丁倩一个打字员，人少了，工作量自然就大了，接听电话，整理文件，打扫卫生都是丁倩一个人在完成。

老板原来从来没注意到公司还有这么一个女孩，直到现在他才注意，这个女孩没有一点儿要走的意思，尽管已经两个月没发出工资了，但这个女孩仍然在很卖力地工作。他从内心里被这个女孩感动了，并在心里暗暗下决心：“一定要渡过这个难关。”

半年后，公司终于又回到正轨，一些跳槽出去的员工还想回来，但都被老板拒绝了。当然，老板升丁倩做了公司经理。丁倩红着脸说：“我没有文凭，又不会说话，怎么能升我呢?”老板说：“在公司最困难的时候，是你一直留在这里，要不是你对公司忠诚和对我的信任，估计我现在已经失去信心了。”

“老板，您不要这么说，其实，是您给了我这么好的工作机会，我应该感恩于您。”丁倩说。

后来老板经常对公司的员工说：“其实一个公司遇到困难并不是什么坏事，至少你可以从中看出哪些员工是真正忠诚于公司的。现在有才华的人满街都是，关键是缺乏那些忠诚于公司，与公司同舟共济的人。”

在公司遇到困难的时候，很多人选择了离开，他们认为离开是最明智的选择，而丁倩却“傻傻”地留下来。她在公司最困难的时候更卖力地工作。正因为如此,老板对她委以重任,成就了丁倩的“忠诚”。

公司兴则员工富,公司衰则员工贫。公司作为所有员工生活和工作的大本营,是员工经济收入的直接来源,而公司的利润又离不开员工的努力。试问一下,如果公司员工没有一份忠诚安稳的心,没有一种尽职尽责的态度,又怎能持续不断地为公司创造利润呢?

每个公司的发展和壮大都需要员工的忠诚来维持,只有员工对公司忠诚,才能和公司拧成一股绳,促进公司的发展。相反,如果员工对公司都不忠诚,那么最终的结局很有可能是公司倒闭,员工失业。可见,忠诚于公司,忠诚于老板,其实就是忠诚于自己。

【优秀员工箴言】

忠诚是一种职业生存方式。如果你选择了为某一个公司而工作,那就真诚负责地为它干吧;如果它付给你薪水,让你得到温饱,那就称赞它、感激它并支持它,和它站在一起吧。

4. 始终以公司利益为重

一个忠诚的员工必然是维护公司利益的。忠诚是评价一个人是否具有良好职业道德的前提和基础。毋庸置疑,任何老板都倾向于选择一个忠诚的员工,哪怕其能力在某些方面稍微欠缺一些。一个员工固然需要才能,但再有才能的员工,如果不以公司利益为重,就连合格的员工都不算,更不用说优秀员工了。

格力电器股份有限公司CEO董明珠,刚开始参加工作时,只是一个普通的销售员。有一次,她去一个地方开展销售工作,过程中，她得知这个地方的一家公司欠格力的货款。这笔货款是以前销售员留下的，一直没有讨回来。本来她可以不去理会这笔货款，重新开始自己的销售工作的。但她想到：这是公司的钱，怎么能不给呢？于是，她决定要回这笔货款。

大家都知道讨债是一件非常不容易的事，但董明珠并没有放弃，在她心里只有一个想法：这笔钱是公司的，就应该要回来。经过四十多天的斗智斗勇，她终于要回了这笔货款。

当她把这笔货款交给老板时，老板很诧异地问她："你不去讨这笔货款，公司也不会怪你，因为这不是你所造成的。可你为什么还要花精力去讨这笔货款啊？"董明珠笑着回答说："其实也没什么，我只是觉得这笔钱是公司的，是大家辛苦的结果，干吗不要回来？"

就这样，董明珠被提升为经理，然后一步一步成为了"中国商界铁娘子"。

董明珠的事例告诉我们一个很简单的道理：不管在什么时候，一定要忠于公司，而忠于公司的最好表现就是要以公司利益为重，时刻把公司的利益挂在心上。要知道，维护公司利益，其实就是维护我们个人利益。只有公司利益好，我们的收入和福利才会有保障。

那么，要想成为优秀员工，在工作中我们应该如何维护公司的利益呢？

(1)工作时间不做私事

公私分明是每个员工必须遵守的职业道德。这就要求每个员工在工作时间不要做私事，更不能做私活。在上班时间做私事，不但会影响自己的本职工作，更会影响到同事的工作。因此，维护公司利益的第一条就是不要在工作时间做私事。

(2)不从公司"揩油"

有的员工喜欢占公司的小便宜，小到一张纸、一支笔，大到公司的办公设备。总之，只要有可占的便宜，他们绝对不会放过。"揩油"这个事，其实反映了一个人的道德水准，也是严重违背维护公司利益这个出发点的。要想成为优秀员工，我们应该要求自己不占公司一点儿便宜。

(3)发现问题及时汇报

如果你发现了公司存在的问题和隐患,比如说产品质量有问题、车间某个灯管坏了可能会造成产品损坏等,这时,你是选择视而不见还是大胆讲出来呢?那些选择前者的人,往往是对公司不忠心的人,而那些选择后者的人,才是公司的优秀员工,对公司具有一颗忠心。

不管什么时候,我们都应该视公司的利益高于一切,要知道你的优秀是建立在公司发展的基础之上的。公司与员工个人的成长是呈互动关系的,所以员工必须全心全意地维护公司的利益。

【优秀员工箴言】

维护公司利益,要从每个人的实际行动着手,只要我们对公司忠诚和感恩,用心去维护公司的运转,就能改正自己的坏习惯和工作方式,适应公司整体前进的步伐。

5. 任何时候都要严格保守公司机密

商业机密,是现在公司很重视的一个问题。每个公司在招进新员工时,都会让员工签订一份保密协议,其意义就在于让员工保守公司机密。

然而,在现今的竞争社会,不可避免地会出现员工泄露公司机密的情况。有的是无心之过在无意中泄密,有的则是经不住各种诱惑而恶意泄露公司机密。如果说前者的泄密还情有可原的话,那后者则是不可原谅的。哪个老板都不希望看到这样的员工出现在自己的公司里。

究其原因,是因为后者对公司或老板失掉了忠诚,所以在利益和诱惑面前,就没有任何诚信和尊严可言了。作为公司的一名员工,无论你的职业多么微不足道,你要牢记自己的角色,对公司忠诚,因为只有公司"发达”了，你才会跟着“发达”。

梁定国在一家外企工作，他从日本留学回来，才华出众、能说会道，很快被提拔为部门经理。大家都以为，他有着很好的前途。

有一次，他和另外一家公司的老板吃饭。席间，对方说：“听说你们公司最近在新研发一个项目，你能不能把资料给我一份啊，我们也想看看。”

“什么？这不是泄露公司的机密？”

对方拉住梁定国的手说：“这事只有你知我知，没有第三个人知道，也不算泄露公司机密。这是20万元的支票，你拿着，就当是给你的辛苦费。”

这时，梁定国心动了，手情不自禁地收起了桌子上的支票，把资料拿给了对方。

一年后，当公司的项目研究出来后，正准备大干一场，再去申请知识产权时，被告知此项技术三个月前已经被申请过了。后来，经过调查，公司查出了梁定国泄露公司机密的事情。本可大展宏图的梁定国不但因此失去了工作，而且也没保住那20万元，还惹上了一身官司。

虽然他懊悔不已，但为时已晚。

这个社会有太多的诱惑，随时有可能让一个人背叛自己的公司。梁定国的行为出卖的不只是公司的利益，更是他自己的，从此以后，在他身上将会永远有一个污点，在职场上没有人会愿意聘用他这个“定时炸弹”，他的职场生涯因此蒙上了一层阴影。

一个不忠诚的员工即使才华横溢也不会成为优秀员工，更不会成功，因为任何诱惑都能使他做出背叛公司的事。但同时也表明：忠于公司、老板，也就是忠于自己，背叛公司、老板，也就是背叛自己，最终会走向失败。

由此可见，忠于公司是每个人的责任。作为员工，我们必须严守公司机密，并将公司机密控制在一定的范围和时间内，防止被非法分子泄露和利用。

下面是公司中需要严守机密的范围，想成为优秀员工的你一定要牢记。

(1)载有业务数据内容的文件、报告、电报、资料、图纸、图片、内部刊物、录音带和录像带等；

(2)具有秘密内容的各种会议、会议文件和会议记录、商业策划等；

(3)人力资源部对员工的考核材料，决定干部任免、奖惩的意见及有关材料；

(4)不宜公开的科研项目、工艺技术、技术诀窍、发明创造和试制效果显著；

(5)公司重要客户的活动计划和情况；

(6)对外业务活动中内部掌握的原则和政策；

(7)不能公开的其他生产设施；

(8)人事档案、文书档案和科技档案；

(9)尚未公开的产品价格和财务数据；

(10)各种公章、印信、证件；

(11)其他公司规定的秘密事项。

了解公司那些一定不能被泄露的机密后，我们接下来要做的就是要采取保守公司机密的措施。

(1)强化自己的保密意识及法制观念；

(2)加强文件的管理，在借阅有商业机密的文件时，做到不借给他人传看，阅后及时归还；

(3)凡属机密文件、资料，均应上交，不得随意散发；

(4)凡属机密文件，未经上司的同意不得外传外借，更不能复印给其他公司和个人；

(5)上下班要对桌面上的文件进行清查，下班时对未分发传阅的文件要锁入柜内，妥善保管，杜绝文件资料乱丢乱放的现象；

(6)不该说的机密，绝对不说；

(7)不该问的机密，绝对不问；

(8)不该看的机密，绝对不看；

(9)不在非保密本上记录机密；

(10)不在私人通信中涉及各种机密；

(11)不在公共场所和家属、子女、亲友面前谈论机密;

(12)不携带机密材料展览、参观、探索、访友和出入公共场所。

【优秀员工箴言】

作为一名员工,永远不要忘了自己的角色。你需要为公司创造利益,而不是为了私利损害公司的利益。只有忠诚于公司,经得起诱惑的人,才会真正地让人心悦诚服,才能真正地得到老板的信任。什么是忠诚?忠诚不是简单的从一而终,而是一种职业道德。

6. 不是只为薪水而工作

在优秀员工的成长历程中,有一个不变的事实是:职业的升迁和薪水的提高,是建立在把自己的工作做得比别人更完美、更正确、更专注而不计报酬之上的。那些只为薪水工作的人,往往忽视了这个重要的事实,从而让自己永远处于被动的局面。

一个只为薪水而工作的人,就好比给自己明码标价了:“我干了多少活,老板就要给我多少钱。”当问及那些优秀员工时,他们会告诉你,只为薪水而工作的,不知道感恩工作的人,是永远成不了优秀员工的。

如果你是一个不计报酬、热爱工作并努力工作的员工,就算你的薪水刚开始不会很高,但经过一段时间的工作后,你的薪水一定会涨,反而得到更多报酬。

廖伟和陈可都是很聪明的年轻人,大专毕业后他们一起进了深圳一家电子公司做作业员。他们的工资是1500元,这样的薪水在深圳只能勉强糊口。

陈可觉得公司太小气，给这么少的工资，没做几天就从这个公司离开了，找到另一份薪水为2000元工资的工作。他对廖伟说："如此低的薪水，你不觉得太吃亏。"廖伟说："我当然想赚更多的钱。但我非常喜欢现在的这份工作，再说就我们现在的经验，公司肯聘用我，我应该感谢。薪水低点就低点吧。"

几年过去了，陈可的工资仍是2000元，而廖伟的工资却达到了8000元。

其实，廖伟和陈可的能力没有多大差异，只不过陈可被薪水蒙蔽了，而廖伟却怀着一颗感恩之心，不只为薪水而工作，最后反而得到的薪水更多。

很多时候，许多员工都会跟老板说："给我加薪，我会努力地工作，更加忠于公司。"这就好比农场主在祷告主一样：如果你能给我一粒粮食，我保证明年会播下种子。但是职场不是遵循这样的规律。如果你想得到什么，必须先付出。你只有全身心地投入到工作之中，才能从今日的小员工跃升为明日的优秀员工。所以，把眼光放长远一点，不要只为薪水而工作，马上停止抱怨薪水，多为未来打下基础。

(1)停止抱怨，开始努力工作

现实中，总有太多的员工在为自己的薪水而抱怨，有的说老板对自己的能力视而不见，有的说老板太吝啬。可是你要知道，没有人会在一开始就能拿到很高的工资。因此，当你在付出自己的努力时，你的潜能会得到进一步提升，老板也会慢慢改变对你的看法，你也会一步步得到更高的薪水。

(2)珍惜学习机会，提高自身价值

想想以前的人们，为了学一门手艺常常拜师很多年，不仅拿不到一分钱的工资，还得照顾好师傅的饮食起居，对此他们毫无怨言。比起他们，现在的你在学习的同时还可以拿到薪水，是不是应该很感恩呢？

这么巨大的差别，原因在哪里呢？其实，最大的区别就在于人们观点上的不同。在以前靠技术吃饭的年代，能有一个学习技能和知识的机会是十分难得的，因此，一旦有了这样的机会，人们会感谢这样的机会并为之努力。而现代人更注重的是现实利益，好像一切的劳动都是为了获取薪水，为了获得眼前利益。现代人过于注重现实利益，却忽略了个人品质的培养，不懂得珍惜工作，更不懂得为有这样的工作机会而感恩，所以，前途很迷茫。

【优秀员工箴言】

只为薪水而工作的员工，他们不懂得感恩公司，为了一点点的薪水问题斤斤计较，所以也一辈子成不了优秀员工。如果你兢兢业业，感恩于自己的工作，从工作中获得比薪水更有价值的东西，那么你就超越了芸芸众生，向着人生更高的目标迈进。

7. 没有卑微的工作，只有不懂感恩的人

现在不少人在抱怨自己的工作卑微，低人一等，自己干这个工作仅是迫于生活的压力不得已而为之。他们的眼睛紧紧盯住高薪与职位，这是非常危险的。他们轻视自己所从事的工作，自然无法投入全部身心。他们在工作中敷衍了事，得过且过，而将大部分心思用在如何摆脱现在的工作环境上了。这样的人在任何地方都不会有所成就。

究其原因，是因为他们没有正确地看待工作的缘故。对于一个饥饿的人来说，如果有人给他哪怕一小片面包，他也会充满感恩之情。面包解决饥饿问题，而工作能解决生存的问题，从本质上来说，二者是一样的。事实上，没有卑微的礼物，只有不懂珍惜的人；没有卑微的工作，只有不懂得感恩的人。

那些认为自己工作很卑微的员工，不可能把工作做好。既然做不好，别人就不会重视你的工作。换句话说，只要心不卑微，任何工作都是重要的，只是内容不同而已，而一旦用心去做了，就一定能从中寻找到快乐和价值感。

郑何学计算机毕业后，四处求职，依然很难找到理想的工作，眼看身上的钱就要用完了。

这时，他看到一家新成立的公司招聘前台接话员，于是，郑何前去应聘并且通过了。公司给他的待遇是试用期三个月，每月仅1000元工资。这样的待遇对于维持他的生活是艰难的，仅勉强够吃饭。

但他懂得知足常乐的道理，知道这份工作帮自己解决了吃饭的问题。就算是一个前台，他也很努力地工作，每天第一个到公司，最晚一个离开，对每一个电话都有详细的记录。他的优秀表现被老板看在了眼里，三个月试用期后，他调到了行政部做行政专员。这时，他更感谢老板给他这个机会，更加卖命工作了。

两年后，仅26岁的他就做了行政部经理。当人们问起他的成功经验时，他真诚地说："其实也没什么，就是我懂得感恩。我知道这份工作解决了我的吃饭问题，于是，我为自己能有这份工作而感恩。这样，我就有了前进的动力，再苦再累的活也难不倒我了。"

郑何只是做着一份平凡的工作，却因为怀着感恩的心使自己脱颖而出，得到老板的重用。在他的身上，有着一颗感恩之心，同时感恩又衍生出奉献精神。当他以一种感恩图报的心情工作时，自然会工作得更出色。

许多哲人都说过："没有卑微的工作，只有不懂感恩的人。"如果一个员工从内心里轻视自己的工作，那么他就会将工作做得一团糟。任何一种工作都有它存在的价值，工作没有高低贵贱之分，最重要的是我们能否有一颗感恩的心。

名都小区有一位年轻漂亮的清洁工，她每天早晨推着垃圾车经过小区楼下时，总是微笑着。当楼里的居民提着垃圾往垃圾车倒垃圾时，不小心溅到她身上时，她仍是微笑着，站在垃圾车旁，轻声说着："没事。"

她总是穿得很整洁、漂亮，清清爽爽，像是在做一件很荣耀的工作。大家不知道她的名字，只知道她正值青春年华。许多人都不理解这么漂亮的一个姑娘，为什么要来做清洁工？于是，许多人都问她。

她告诉大家，她的父亲病了，不得已只好兼职做这个工作。她很感谢有这份工作，因为有事做是最重要的。要不然，她父亲的病就没钱医治。她说清洁工是一份靠自己双手劳动的工作，与其他工作没有什么不同。

这个姑娘不仅帮人们带走了生活垃圾，也净化了人们渐渐蒙尘的内心。

工作好比是在栽种一棵树，我们每天为它剪枝、修叶、浇水，等到了秋天，当我们在品尝甘甜的果实时，应当去感恩那棵树，而不是去感恩我们的劳作。因为是树给了我们收获果实的机会，如果没有了这棵树，那么我们想去剪枝也无处可剪了。

著名学者林清玄先生去朋友家做客，朋友说："今天没有好茶招待先生了。"林清玄说："喝白开水也是一种享受啊。"好茶与白开水，高雅与平凡的工作是一样的，都要先学会感恩。

每天抽出一点时间，感恩自己目前所拥有的工作，感谢公司，感谢上司。感恩是情感的自然流露，它会增强你的个人魅力，让你拥有神奇的力量，使你在人群中出类拔萃。当然，你要做的不仅仅是感恩，你应该怀着一颗感恩之心，把工作做得更出色，这样你才会成为优秀员工。

感恩你的工作吧！时刻告诉自己：没有卑微的工作，只有不懂感恩的人。

【优秀员工箴言】

工作没有高低贵贱之分，你需要的是感恩你的工作。感恩自己的工作，无须像拜佛还愿一样感激流涕，只要拥有一颗感恩的心，哪怕只有一点点，都能让你走上优秀员工的成长之路。

8.

信守对公司的承诺

在这个“水往低处流，人往高处走”的社会，越来越多的理由让职业人士丧失自己的信誉，为了更好的待遇、更高的职位、为了实现自己远大的理想。他们不仅频繁跳槽，而且还会带走原公司的人，或是揣着公司的重大机密技术投奔新主而去。诚信危机已经成为社会普遍关注和亟待解决的问题。

Chris是一家手机公司的经理，由于一些原因，他准备辞职离开原公司。北京一家手机公司向他发出了邀请，并且以原来的工资的几倍作为薪酬，但是条件是让他带走原公司的得力下属和大客户。Chris断然拒绝了，他知道这样会使自己失去对原公司的诚信。事情传开后，Chris赢得了大家的赞赏，邀请他加入的公司也越来越多。按照他们的说法，职场信誉是一件无价之宝。

据上海一家人力资源公司调查显示，上海有37%的职业人士因为自己的职业信誉度受损，而在未来找工作的过程中遇到这样或那样的挫折。对于职场人士来说，既然选择了一个职位，就应当对这个职位负责，信守对公司的承诺。这既是对自己的一个基本要求，也是对公司忠诚感恩的表现。

做人应当信守承诺，这是一条永恒不变的道德法则。评价一个人是否忠诚，很重要的一点就是看他是否守承诺、讲信用。同理，对于在职场上奋斗的每一个人来说，对你的上司和顾客信守承诺，是你表示忠诚感恩的关键因素。

(1)学会在压力下完成任务

维持自己的职业信誉度，要求我们必须坦然面对工作中的一切压力，不逃避，不抱怨。没有人会一直盯着我们的工作，我们只有靠自己的责任感保证高质量地完成工作。这样做会提高我们的信誉度，让我们更懂得信守自己的承诺。

(2)对所做的工作上心

要想维持自己的职业信誉度，就要对自己所从事的工作负责。我们必须现在就去做，必须愿意付出极大的代价。要知道，甘愿屈从于不适当的事业生涯，是因为不愿意牺牲舒适自在的生活；你如果想拥有幸福的生活，就要下决心为自己的工作负责。对自己的工作负责，就是对团体的工作负责，当然也是对整个公司的工作负责。而当你做到这点时，你就拥有了相当高的职业信誉度。

(3)坚决不做对不起公司的事

作为公司的一员，你的成功与否同公司的兴衰息息相关，所以你没有任何理由在背地里做不利于公司的事情。你对公司忠诚，上司也会看在眼里，记在心上。即使在竞争对手眼里，你的忠诚守信也是可贵的品质。他们并不会因为你为他们窃取了对方的机密而重用你。所以无论何时，你一定要对公司保持忠诚之心，信守你的承诺，保守公司的秘密。只有这样，你才能保持较高的职业道德。即使你以后不在公司任职而转投其他公司，你的职业信誉度也是你赢得职位的重要因素。所以千万要记住，坚决不做对不起公司的事情。

【优秀员工箴言】

你的职业信誉度是你在职场上的通行证。可以毫不夸张地说，一个没有职业信誉的员工绝不可能成为优秀的员工。对于那些不珍视自己的职业信誉的人来说，是该好好反思一下了。

第十二章

永不放弃，坚持到底才能保持优秀

工作中，并不都是一帆风顺的。这个时候，作为一名员工，最需要的就是相信美好的未来终会到来，不抛弃，不放弃，坚持到底。

1. 绝不要轻易放弃，坚持到底就是胜利

大家都知道青蛙王子的故事，因为受到巫婆恶毒的诅咒，他必须得到一位相爱的姑娘的亲吻才能恢复原形，于是可爱的姑娘为了解救王子，亲吻了大量的青蛙，最后终于找到了王子。

就像在找到王子之前，你必须亲吻大量的青蛙一样，在获得成功之前，你也必须经历无以计数的失败。你要抱定坚持不懈的决心，不断地鼓足热情和勇气告诉自己"再来一次"。越是困难时期，越是要坚持不懈，成功往往就在于比别人多坚持一会儿。困境是成功和失败的分水岭。大多数人在面对困难时会很容易放弃自己的目标和意愿，而成功者却在困境中一如既往地坚持着自己的目标，他们获得了厚报，既有金钱也有荣誉。

职场是变幻莫测的战场，这一秒你还是春风得意，下一秒也许就被炒了鱿鱼，或是被打入冷宫，也许你的工作一直没有起色，你一直都得不到老板的青睐和重视，那么，失意的你是选择破罐子破摔呢，还是选择坚持不懈，不言放弃呢？

坚持不懈地付出努力，是取得成就的不二法宝。

胡俊是一家公司的销售员，为了工作，他几乎天天东奔西走地拉业务，但不幸的是，成绩始终是一片空白。可是，他并没有气馁，晚上即使再晚，也要发个信息给白天访问过的客户，感谢他们接受自己的访问。

但是两个月过去了，胡俊还是没有拉到一个客户，他的上司催他催得越来越紧。胡俊有时也想放弃，但心里总有一个声音告诉自己："再坚持一下，坚持一下就有盼头。"于是，他又开始继续努力工作了。

一次，胡俊去见一个客户，对方是一家500强企业的行政经理，胡俊要做的就是说服他，让他们公司购买自己的产品，然而对方对此丝毫不感兴趣，一次次把胡俊拒于门外。胡俊仍不放弃，一次次地去拜访对方。两个星期过去了，当他再次去时，对方终于被他的诚心感动，同意买他的产品。

胡俊终于成功了！正是"不放弃，坚持到底"使他后来成了一名优秀的销售员。

没有一帆风顺的人生，人在生活中难免会遇到一些大大小小的困难和失败，当我们面对失败时，要记住告诉自己不要服输，不要放弃，失败永远是成功的基石，失败的本质就是这次根本就没有失败，只是暂时还缺成功的条件。

英国首相丘吉尔用他一生的成功经验告诉人们，成功根本没有什么秘诀可言，如果真有的话，就是这两条：第一个就是坚持到底，永不放弃；第二个就是当你想放弃的时候，请再回头照着第一个秘诀去做——坚持到底，永不放弃。

工作的过程也是这样的，跌倒了再爬起来，不愿爬起来丧失坚持的毅力这就是失败。其实，一个绝境就是一次挑战、一次机遇，只要坚持，持之以恒地挑战挫折，那么成功就在你的脚下。因为，无数的失败成就辉煌的人生。

朋友，你遇到过失败吗？当面对失败时，你又是怎样对待的呢？是一蹶不振，还是坚持到底？

走向成功的路途中并非一帆风顺，其中有坎坷，有艰辛，甚至要付出极大的代价，大多数人往往望而却步，只有那些执着的人以其顽强的作风和坚定的信念；才能到达成功的彼岸。即使再平凡的事，再卑微的工作，只要执着地去追求，久而久之，也会散发出不平凡的光彩，成为经典并为世人所颂。"态度决定一切"，在工作中我们要有一个认认真真的态度，不能因为自己有了点学历，有了点经验，就对一些平常的事不屑一顾了。世界上的事情只有认认真真，踏踏实实地去做，才有可能换来成功。

冬天来了,春天还会远吗?
失败来了,成功还会远吗?
努力过后,结果就在前方!

【优秀员工箴言】

也许你不比别人聪明,也许你有某种缺陷,但你却不一定没有别人成功。只要你多一份坚持,多一份忍耐。

2. 比别人多坚持一会儿,不放弃的人生才会更精彩

职场中有这么一个怪现象:有的员工也许学历一般,工作能力也平平,可是却能在众多比他们学历、能力高的人中脱颖而出,受到上司的青睐。这是为什么呢?答案就是他们身上具有敢于挑战困境,绝不放弃的信念。

纽约的华尔街是闻名世界的金融街,在这里流传着这样一句话:"华尔街不是女人待的地方。"可是,有一位来自中国的女士,她用自己的信念书写了一个华尔街传奇。

她只是一位刚毕业的中文系博士,在《纽约时报》上看到舒利文招聘广告要求应聘者必须是商学院毕业,至少有三年以上的金融专业或银行工作的经验,能够熟练运用中文。显而易见,舒利文公司的招聘要求,除了最后一条,其他的她一条也不具备。

然而,她却固执地认为自己适合这个职位,于是她把自己的简历寄给了舒利文公司。很显然，结果是石沉大海。可是她却并不气馁，坚持每天都给舒利文公司打电话，以至于人事部的人接起电话就能听出她的声音，但人事部门还是以各种理由婉拒了她。

“放弃吗？不，绝不，再坚持一会儿说不定就成功了。”她这么告诉自己。

最后，她鼓起勇气拨通了舒利文公司总裁的电话，在电话里，她坦言自己的想法：“首先，我承认我没有商学院的学位，也没有金融工作经验，可是我从没有退缩过，相反，我变得更加坚强，毫不夸张地说，我认为自己是优秀的，能够胜任贵公司的招聘职位……”

她一口气把这些话说完，半小时后，她接到了舒利文公司的面试通知。经过层层筛选，最终她被录取了。被录取后的她，每天都勤恳地工作，一有空闲便捧着厚厚的经济学课本，恶补经济学专业知识。遇到困难，她从没有退缩过，每次她都想尽办法解决问题。五年中，她因业绩突出，从一名普通的员工不断晋升，最后成为舒利文公司自创立以来第一位外籍女性高级主管。

她就是裔锦声，现在是华尔街鼎鼎大名集团的高级员工。

美国3M公司有一句至理名言：“为了发现王子，你必须与无数只青蛙接吻。”裔锦声为了成功，敢于正面挑战困境，让自己在各式各样的尝试中获得锻炼，从而找到属于自己的“王子”！

当你被挫折包围的时候，千万不要就此放弃，你要相信，也许再坚持一下，成功就会向你伸出手来。

职场中的很多人做事情总是有始无终，缺乏耐心和毅力，半途而废，这样的人注定和上司欣赏的眼神擦肩而过。要知道，放弃目标就等于丢掉成功的机会。

一个成功学家曾做过一个实验：将学历和能力不相上下的一群人安置在同一个公司，并且分派给他们相同的任务。起初他们都表现出极大的热情，工作完成得非常顺利。然而，到后来，当把超出他们能力的工作分配给他们时，他们的表现就有了变化——有的人选择放弃，有的人敷衍了事，但有的人则是选择坚持。选择坚持的人，他们没有抱怨上司不体恤员工，也没有抱怨自己是笨蛋，而是通过各种方式寻找解决问题的方法。实验结束后发现，选择放弃和敷衍的人，他们的能力依然停留在实验开始的程度，而选择坚持的人，他们在实验的过程中既提高了自己的能力，还锻炼了应对困难的勇气，同实验开始相比，他们进步了很多。

【优秀员工箴言】

无论是一个团队还是一个员工，要想干成任何事情，都得能够坚持下去，唯有坚持下去才能取得成功。如果你坚持着不放弃，即使前面的山再高，你也可以一步一步地迈过去，可以看到山后美丽的风景。

3. “沉”得下去，才能“浮”得起来

每个演员都希望自己能够扮演主角，但是又有几个人能够直接从主角演起呢？成龙大哥扮演了多少“死尸”才成就了今天的辉煌；周星驰又扮演了多少“路人甲”“路人乙”才成就了今天的喜剧大王。

同样，作为一名员工，想要成就一番属于自己的事业，就一定要有“跑龙套”的精神：沉得下去，才能浮得起来。然而现实生活中，有很多年轻人在开始工作的时候对自己的期望很高，他们认为自己是人才，应该得到重用，丰厚的报酬应该属于他们。他们认为自己一开始就应该进大公司、就高职位，拿高工资。而就是因为这样，最终他们成为了一批又一批的失业人员，更谈不到优秀员工了。

有两位大专毕业生小李和小周，他们来一家公司报到。见到他们的上司，小李问：“你来这个公司多久了，你是什么职位啊？”上司说：“我来这个公司十年了，我的职位是组长。”小李感到很失望，等上司离开，他对小周说：“在这里做十年才是个组长，我们还是趁早离开吧。”小周没有答应小李的请求，他认为自己没有任何经验，应该先积累经验。于是小李离开了，小周留了下来。

小周在公司是从普通作业员做起的，刚开始工资很低，但小周一直没有放弃。在公司里，小周每次做完本职工作，他就跑去其他部门帮忙，不管是给仓库搬货，还是给上司打饭，他从来都是有求必应，在每年的评优中，他都是以全票评为优秀员工。

三年过去了，小周升为公司的科长。他的同学小李听说他成了科长，就来问他：“你用的什么方法升得这么快，我现在还没有找到一个适合我的公司呢？”

小周笑了笑说：“我没有什么特别的方法，我只是觉得在一个公司里，你首先得‘沉’下去，学会做一个小弟，这样你才会‘浮’得起来。”

在职场生涯中，每个员工都应该像小周这样，放弃自己那个很大但是没有任何光环的幻想，先从“小弟”“跑龙套”做起。那么，我们应该如何“沉”下去，才能“浮”得上来呢？

1. 不要轻易地否定自己

在实际工作中，当领导命令你去做一件比较困难的工作时，你也许会说：“太困难了，我肯定办不到。”或是更进一步把做不到的理由列出来给领导看。不论你无法顺利完成的理由多么充分，这都不应该是你的工作态度，最重要的是先要想想看，有没有什么更好的办法能把事情做好。刚开始就全盘否定自己，说“不行”那不就等于不战而举手投降吗？哪个领导能喜欢这样没有勇气的下属呢？说不好以后的人生，真的会从此一事无成。

令人奇怪的是，那些不战而降的人当中，有很多是“老芋头”型的人。他们积年累月地在一家工厂工作，精通某一个专业领域的知识，久而久之脑袋就自然打结了，做什么事情都用以前的方法去处理，懒得再去深入思考以求得到全新的方法。只要是用以前的方法行不通的事情，他们就大概觉得自己办不到了，所以这些“老芋头”就很难有新的突破。

无论面对什么样的挑战，如果在尝试后失败又该如何办呢？这时最好去分析失败的原因是什么，而不是为自己想太多自圆其说的理由。如果只是一味地为自己去辩护，表面上看起来好像可以蒙混过关，其实只是暴露出自己无法解决问题的丑态而已。因此先暂时原谅自己，多想想今后应该如何才能把领导分下来的工作顺利完成。

2.超越自我

如果你真的有能力，可自告奋勇去挑战那些人人避之不及的工作，因为别人不愿意做，毛遂自荐正可凸显出你的存在和勇气。如果一战成功，你当然是唯一的英雄；如果最终没有完成，但也学到了宝贵的经验和重新认识了自我，而且也不会有人怪你，因为本来就没有人敢于做那件事嘛！

3.要懂得目标带动斗志

一个人一生所取得的最高成就，首先取决于他人生奋斗目标的高低。如果志向高远，我们就不会对生活中的一些小事，比如对自己吃得怎么样和穿得怎么样斤斤计较；如果我们志向高远，我们就永远不会停下我们前进的脚步；如果我们志向高远，我们就不会感到生活单调枯燥；如果我们志向高远，我们就不会感到娱乐时间太少，就不会总想着星期天到大街上去闲逛。因为我们清楚地知道，现在所做的一切都是为着一个目标的实现。如果我们志向高远，就会感到人生短暂，可供我们学习和工作的时间太少太少，而我们要干的事情还很多很多。

“沉”得下去，对于一名员工来说非常重要，因此要学会放低自己的姿态。对于一个公司来说，不管你的学历多高，你毕竟是一个新人，所以在进入公司时，首先要有“沉”下去的精神，放低自己的姿态，然后在平凡的岗位上努力工作，积累经验，学习大量的专业知识和技能，只有这样你才能“浮”上来成为一名优秀员工，最终走向成功。

【优秀员工箴言】

如果一个人集中所有的精力和心志去坚持不懈地追求一种值得追求的事业，那么，他的生命就绝不可能失败。如果把子弹扔出去，它穿不透一个帐篷；但如果把它射出去，它可以穿透橡木板。如果把阳光聚焦在一点，在冬天也可以轻而易举地燃起一团火焰。

4. 频繁跳槽，你永远成不了优秀员工

在如今的社会，人们的工作机会越来越多，职业选择范围也越来越大，跳槽对于很多职场人士来说，已经成为一种常态。跳槽的理由更是五花八门：有的人觉得自己目前的待遇不高选择了跳槽；有的人认为老板不重视自己，感觉自己“怀才不遇”选择了跳槽；有的人因为与同事闹矛盾选择了跳槽，还有的人觉得公司太小了，不适合自己的发展选择了跳槽……

虽然古语说：“良禽择木而栖，贤臣择主而事。”我们也不反对一个人为了寻找更大的发展空间而跳槽。水往低处流，人往高处走，跳槽跳得好，的确可以帮助你找到更适合发展的空间，使自己如鱼得水。然而事实上证明跳槽者中有70%的人都感觉跳槽后更失败，于是他们选择了继续跳槽来改变现状，从而进入了频繁跳槽的恶性循环。

刘长宝毕业四年内换过五份工作，他先后从事过工厂作业员、保险人员、汽车销售、仓库管理员、售货员。现在他又准备换工作，总觉得自己还没有找到更适合自己的工作，刘长宝认为自己一定会找到一个更好的工作。

而刘长宝的同学黄天亮，毕业后找到一份工厂作业员的工作，干起来很苦很累，但他坚信这份工作很适合自己，将来一定会有所发展的，于是他不放弃地坚持了下来。目前，他是公司生产线的线长，不管是能力、薪资还是地位都有所提升。

频繁地跳槽，表面上损害的是公司的利益，但真正受伤害的是你自己。对于公司来说，走了一个作业员，还会再来一个作业员，而你呢？频繁跳槽不仅不利于你取得老板的信任，而且你很难得到经验的积累和沉淀，永远成不了优秀员工。

员工频繁跳槽的原因，总结出来有以下几点。看看你属于哪一种情况，并且对症下药，消除这种频繁跳槽的行为。

1. 薪资过低。要知道你的薪资待遇往往和你做出的贡献成正比，如果你能长期付出，忠诚于自己的事业，老板或上司绝不会视而不见。此外，薪资收入除有形的货币以外，也应算算隐形的收入，比如良好的人际关系、技能训练和丰富的工作经验等。

2. 才能无法得到发挥。你对自己的专长和兴趣了解吗？你现在的公司究竟还有没有发展空间？对于这些问题，你不仅要认真反省自己，也要和老板多多沟通。“天生我材必有用”这句话的确不错，但要做到适才适用必须和老板共同努力才能实现。

3. 工作时间过长。先问问自己，究竟是工作效率太低，还是业务过重？如果是前者，那么正确的做法是努力提高自己的技能，更加投入地学习；如果是后者，则应该主动地寻求老板的支持，并且能提出具体的解决方法，而不是逃避。

4. 升迁难。最近公司有没有人获得提升？究竟是老板任人唯亲，还是你的能力不佳？不要嫉妒他人，先入为主地认为他人的升迁是靠关系，拍马屁，要努力去发现那些自己所不具备的优秀的品质和卓越的能力，并对照自己的问题不断改正。

找到自己频繁跳槽的原因，全面分析自己的现状，转换一下自己的心情，或许你会有新的决定。

作为一名员工，最好不要频繁跳槽。当你从一家公司跳槽到另一家公司时，就意味着你的一切都得从零开始，你要重新开始熟悉业务、环境和规章制度，重新建立良好的人际关系，重新理解公司，等你进入角色能够真正地独当一面的时候，时间可能已经过去很久。

每个人都有选择公司的权利，一旦选定，就不要放弃，要坚持做下去，切不可三心二意，东张西望。在现代职场里，没有哪份工作是完美的，而且一直能让你感兴趣的，日子长了，再有趣的工作也会失去它的新鲜感 。所以，千万不要稍有不顺就拿跳槽当退路，这样的人不但使自己永远做不成优秀员工，也会给自己的事业设置障碍。

华为公司的人力资源部经理说：“我经常在招聘人员的简历表上看到一连串的工作经历，频繁地换工作并不能代表他们工作经验丰富，而只能说明这个人的适应性比较差或者不能够坚持。如果他能很快地适应一份工作，就不会频繁地换工作。”

所以，奉劝还在频繁跳槽的员工，从现在开始改变你的做法吧，你只有在一个公司坚持下去，永不放弃，才能积累足够的经验，才能保持住优势。如果一味地跳槽，把跳槽变成一种习惯，你会变得越来越浮躁，你就会失去面对困难的勇气，只要稍有挫折，你就想换个环境，长此以往，你周围的人都在成长，而你却还在原地踏步。

【优秀员工箴言】

对于一名优秀的员工来说，换工作应当谨慎，下一份工作不见得就好，立足于现有的工作，将其做大做好，比换一份工作更有前途，也更加可靠。

5. 工作中仅有“称职”是完全不够的

在工作中，你是否还在满足于维持现状？你是否还在权衡薪水和工作的问题？你是否还在思索自己尽心尽力工作为何总得不到晋升？……如果这些症状你有其一，那么，你一定得慎重，因为你已经濒临职场的危机边缘了。

当然，你肯定会反驳：“我是个好员工，按时上下班，遵纪守法，我能按要求完成每一项工作，我有很多年的经验……”如果你这样想，那么你就大错特错了，因为这些只能说明一点：你是个称职的员工，但是“称职”并不意味着你就是一个优秀员工，是一个公司真正需要的员工。而且，正是由于你把“称职”定为工作的终极目标，才使你步步陷入危机边缘，随时都有被淘汰出局的可能。

“称职”是每个员工应用的最低标准。用称职来要求自己的人,多数一直都在原地踏步,止步不前,而后被替代。你可以说:“我做了或做完了。”但是却没有底气说:“我做到最好了。”对于一个公司来说,如果每个员工的目标都只是把自己的工作做到“称职”,那么这个公司一定是个缺乏生机的公司,少了些创造性和建设性的业绩,也就没有发展的前景和动力。

在这个年代,是优者生存。一个只靠“称职员工”支撑起来的公司是经不起大风大浪的。所以,当有人问一位老板什么样的员工是他心目中的理想员工时,他答道:“我们需要尽职尽力做好本职工作的员工,但是更需要的是永不放弃,坚持到底,敢于迎接挑战的优秀员工。”

陈宏是一家大型上市公司的企划人员。最近,陈宏很是高兴。因为他的上司企划部经理已经辞职,马上就要离开公司了。而企划部就他资格最老,经验最丰富,再加上他做事谨慎细心,尽忠职守,大家都说他肯定是企划部经理的不二人选。陈宏自己也这么认为。

三个月过去了,原来的经理离职走了。可是没有想到的是,人事部下达通知:罗锋被任命为新的企划经理。陈宏看了很是生气,觉得罗锋比自己来公司晚,也没有什么经验,凭什么他就能当经理?

公司老板看出了他的心思,主动找他谈话。他告诉陈宏,这次没有当上经理,下次还有机会,一定不要放弃。而在谈话过程中,陈宏显得有些无精打采,对谈话内容也是左耳进右耳出。此后,陈宏完全放弃了以前自己坚持做一个好员工的标准,认为就算自己坚持做好员工,老板还是不会给自己升职。他对工作开始敷衍,经常弄错数据,对新上任的上司也是一副不屑的样子。

在年底时,新来的上司向老板汇报了陈宏的工作情况后,老板很是失望地把他开除了。在陈宏离开公司时,老板对他说:“其实,我是想升你做分公司的经理的,但又不怕你承受不了压力,所以就先考验你一下。没想到你就这么放弃了这么多年的工作,变成了现在的这个样子。”陈宏听了老板的话,很是后悔。

在职场里，像陈宏这样的大有人在。他们在工作中尽职尽责，这样的表现可以保留住他们现在的位置，却很难得到更高的晋升，因为他们不懂得坚持。

在工作中，每个人都拥有自己独特的能力，如果你只是想做一名称职的员工，那么很多潜能你都无法激发，它可以一直沉睡，甚至连你都不知道自己还有哪些惊人的潜力。日复一日，只顾盲目地接受指令，机械式地工作，殊不知，自己的发展空间正一步步地缩小，最终画地为牢。

事实上，凡是在事业上有所建树的人，都不会将工作只做到“称职”。正如现任麦考林CFO，对他来说，如果只是为了当一名称职的员工，那么他现在可能还是一名仓库管理员，也不可能有他后来一次又一次的华丽变身：高级经理，麦当劳广东区副总监，财务总监乃至麦当劳中国区CFO，后又跻身于麦考林。在工作中，做好本分工作是基础，要想发展，就必须永不放弃，坚持到底。

【优秀员工箴言】

现如今，公司要出精品，员工也要出精品，因此只做到“称职”是完全不够的，这不能成为工作的终极准则。要想提升自我价值，为公司带来更多的效益，我们就必须突破“称职”这个局限，不断超越自己，永不放弃，坚持把工作做好。

6. 逆境中更要不抛弃、不放弃

很多时候，在人生的道路上，面对困难和挫折，我们能够咬着牙坚持着熬过最漫长和最艰难的时刻，可当我们即将要与成功伸手相握的时候，却因为最终的放弃，便与之擦肩而过了。困难的时刻，绝望的时刻，千万别轻言放弃,一定要坚持、再坚持。只要你永不放弃,就连死神都会离你而去,因为死神最害怕听到咬紧牙关的“咯咯”声。

职场是变幻莫测的战场,前一秒你还是春风得意,下一秒也许就被炒了鱿鱼,或被打入冷宫。也许你的工作一直没有起色,也许你一直都得不到老板的青睐和重视,那么,失意的你是选择破罐子破摔呢,还是选择坚持,不言放弃呢?

托马斯出生于纽约北部一个农民家庭,父母靠伐木和种地维持一家人的生活。由于家境贫寒,托马斯并未受过多少正规的教育。为了减轻父母的压力,他17岁便开始出门做事。

托马斯的第一份工作是为一个经营五金的商人推销商品,周薪12美元。后来,有人告诉他,推销员通常拿的是佣金,而不是工资。若按业绩算,托马斯得到的周薪是65美元。他感到很气愤,便毅然辞去了工作。后来,他又给一个名叫巴伦的推销员做助手,佣金还算丰厚。再后来,托马斯开了一家属于自己的肉店,一心梦想着要缔造一个零售业的帝国。然而,巴伦却在一天晚上卷款而逃,使托马斯陷入破产。

不过,坚强的托马斯没有就此趴下,他卖掉了肉店,在一家专卖收款机的公司找到了一份工作。

他第一次推销收款机时极其失败,遭到了老板的严厉训斥,被骂得狗血喷头,但有着惊人忍耐力的托马斯却在这种羞辱中坚持了下来。一年后,他已成为地区中最成功的推销员,周薪100美元。不久,他又成为首席推销员。

无论发生什么事,你都要妥善解决问题并用坚韧的毅力达到目的,才会像托马斯一样拥有升职的机会。那么,面对逆境时我们应该如何做到不抛弃,不放弃呢?

1.妥善解决问题

作为公司的一员,你要想让老板器重自己,就必须想方设法,使他信任你。而要想使老板信任自己,就必须能够把解决问题作为提升自己向更高境界迈进的推动力,做到面对任何问题都能声色不变,泰然处之,并妥善解决。这样，就有可能加深老板对你的印象。

琳达曾经是公司的一位普通员工。一天，一位客户因为产品质量问题闹到了公司，非要找经理不可，不巧的是经理出差，刚上飞机。但这个客户并没有离开，反而越闹越凶，所有的员工对此束手无策。于是，琳达把他请到了公司的会客室，并很有礼貌地与他进行交谈，了解情况，然后又妥善地加以解决，才使一场风波得以平息。这件事很快便传到经理耳朵里，不久，琳达被晋升为客户服务部主管。

解决问题，就抓住了机遇，因为机会总是乔装成“问题”的样子。琳达就是抓住了这样的机遇。

如果面对问题，你总不能妥善解决，那么问题就会成为你工作的负担，这样，不只是你本人的不幸，也是老板的不幸。因为公司在发展过程中，总会不可避免地遭遇到各种问题的困扰。它们的出现，就像太阳日升月落般自然。所以，老板迫切需要那种能及时化解问题的人才。从根本上讲，老板欣赏处事冷静，善于解决问题的员工。因为老板之所以能做到老板的位置，敢于直面问题并能够妥善解决问题正是其中的一个重要原因。

所以，在工作中遇到林林总总的问题时，不要幻想逃避，也不要犹豫不决，更不要依赖他人的意见，要敢于做出自己的判断。对自己能够判断，而又是本职范围内的事情，要大胆地拿主意，不必全部禀报老板。否则，那只会显得你工作无能，也显得老板领导无方。让问题在你这儿解决掉吧，解决了这些问题，你才能迎接新的契机。否则，你一辈子注定要被打入“冷宫”。而当周围的人们都喜欢找你解决问题时，无形中你就建立起善于解决问题的声誉，取得了胜人一筹的竞争优势。老板知道你是个良才，此时离你受提拔重用的时刻便不远了。

2. 用坚韧达到目的

无论做什么事，我们都要紧盯一处，坚持不懈地进攻，才会有所突破，做出成绩。有位成功人士说过：“努力或许不一定让一个人成功，但持续不断的努力，一定会使人成功。”

从这位成功人士的感言中可以看到，持续不断的努力，锲而不舍的韧劲，是一把走进成功大门的钥匙。它可以使人在大灾祸、大困苦的时候不致心灰意冷，使贫穷的青年坚持半工半读念完大学，使洪水过后良田变泥潭的农民再一次播种下收获的希望，使失败的人一次次从失败中站起来坚强地再一次迈向成功。世界上没有一种东西可以替代坚忍的意志和锲而不舍的精神。

【优秀员工箴言】

秉性坚韧，是成大事立大业者的特征。在帮助他们获得巨大的事业成就的卓越品质中，坚韧占有很大的比重。

7. 坚持最后五分钟

成功需要忍耐，同样需要坚强。中国有“功亏一篑”“功败垂成”之说，其意思就是不能坚持，在大功告成之际，却走向了失败。不少人正是这样失败的。许多努力已经做出，许多成绩已经取得，如果再坚持最后五分钟，多年的心血就要浇灌出绚丽的花朵，可是，就是在这个最关键的时候，放弃了努力，或者改弦更张，以前的努力都白费了。

著名企业家牟其中，提出“99℃＋1℃”的成功公式。就是说烧水烧到了99℃，最后再加1℃水就烧开了，这最后的1℃最为关键。聪明的人，等他人把水烧到99℃，自己再加上这最关键的1℃，成果就可以共享，可惜的是，许多人已经把成功之水烧到了99℃，却放弃了这最后的1℃，然后转到别处再烧99℃，等到只差1℃了，又放弃。就这样恶性循环，陷入了失败的“怪圈”，离成功越来越远。因此，坚持最后五分钟往往是走向成功最为关键的一步。

在中国历史上，既有“忍成大事”的经验，又有“功败垂成”的教训，前者当数越王勾践，后者当数“闯王”李自成。

春秋时，越王勾践被吴王夫差打败，退守在会稽山上。越王要求与夫差协和，夫差的条件是要勾践夫妇到吴国给他当奴仆。勾践答应了这苛刻的条件。

到了吴国，他们住在山洞石屋里。夫差每次外出，勾践都亲自为他牵马。有人指骂他，有人讥讽他，但他都不在乎，对吴王夫差一副卑躬屈膝的样子，以让夫差对其放心，并讨得他的欢喜。一次，夫差病了，勾践得知此病不久就会好转，就去探望夫差，并亲口尝了他的粪便，向夫差道喜，说他的病很快就会好的。夫差问他怎么知道，勾践回答说：“我曾经跟名医学过医术，只要尝一尝病人的粪便，就能知道病情的轻重。刚才我尝了大王的粪便，味酸而稍微有点苦，用医生的话说，是得了‘时气之症’，不久便会好的，大王不必担心。”果然不出几天，夫差的病好了。夫差从此认定勾践比自己的儿子还孝顺，深受感动，就把勾践放回了越国。

勾践回国后，更表现了他坚持隐忍的品格。为了笼络群臣百姓，他坚持苦心劳力，艰苦朴素。每当有较好的食物，自己绝不独占；有了美酒，就倒在江中，以示与百姓同饮。他还靠自己的耕种吃饭，靠妻子亲手织布穿衣。为了坚持磨炼自己的斗志，有意不过舒适的生活，床铺上不用褥子，铺的是柴草，还经常预备一个苦胆，随时尝一尝苦味，以不忘耻辱和失败带来的痛苦。历史上的“卧薪尝胆”就出自这一典故。

经过数年的卧薪尝胆，勾践认为时机已到，准备与夫差决一死战。越国终于战胜吴国，越军包围了吴王的王宫，攻下城门，活捉了夫差，杀死了吴国宰相。灭掉吴国两年后，越王勾践称霸诸侯。

越王勾践从失败到成功，靠的是坚持和忍耐；而李自成从胜利走向失败，却是没有坚持到底的一个典型。

李自成在攻进北京以前,他的起义军队齐心协力,艰苦奋斗,取得了军事上的重大胜利。但是,攻入北京以后,军事的胜利却转向了失败,从李自成开始,许多人没有坚持攻入北京以前的方针和精神,开始骄傲自满,消极腐败,在北京城里,义军的许多将士忘乎所以,军纪败坏,掠夺民财,强占民女。义军首领刘宗敏把明将吴三桂的爱妾陈圆圆抢走,使原来想投降义军并已进京走到滦县的吴三桂为此打消了投降的念头。这导致了军情的重大突变,加上牛金星、刘宗敏的蜕化变质,内部权力争斗,义军开始走向衰败。李自成仅在北京待了四十一天,就匆匆撤离,最后战败身亡。

这正反两方面的经验教训说明,能否坚持到底,对事业的成败是何等重要。大到一个国家,小到一个人,都概莫能外。拿破仑·希尔在研究了五百位名人成功经验的基础上得出结论:"把欲望变成等同金钱的过程中,坚忍是一个基本因素。缺乏坚忍和毅力,是失败的主要原因之一。数千人的经验已经证明,缺乏坚忍和毅力是大多数人常见的共同弱点。这种弱点可用努力来克服。"要培养坚持到底的毅力,应当做到:第一,锲而不舍地追求成功的目标;第二,具有成功的强烈欲望;第三,培养自信心,坚持到底,必然成功;第四,具有坚强的意志,把个人的精力集中到所追求的目标上;第五,培养坚忍不拔的习惯。每天都用坚忍不拔的精神做好当天的事情,这样下去,就养成了坚忍不拔的习惯。

【优秀员工箴言】

梦想是成功的起跑线,决心则是起跑时的枪声,行动犹如跑者全力的奔驰,唯有坚持到最后一秒,方能获得全程的锦标。

8. 努力成为公司必不可少的人

如果你在某一家公司从事业务工作，那么时刻记住，要永远以公司的名义从事业务往来，而不要以个人的名义进行。如果公司的职员或销售人员以他们的名字作为信签的开头，并让顾客给他们个人发送信件，那就大错特错了。在业务中你应该忘却个人的名分，这是你在一家大公司要付出的代价。不要对此持任何异议，这是你必须要面对的事，因为在所有大公司都得面对这样的情形，无一例外！因为这对一个公司的发展是十分必要的。如果你想单干，以个人的名义从事业务往来，那么你就只能待在乡下，去谋自己的那点蝇头小利了。

当然有人会这么认为："如果客户直接把订单给我，我不仅能与他熟识，而且更能明确他的需要，这一定会比以公司名义能更好地照顾到客户的真正实际需求，而且，将顾客的需求通过几个部门的辗转陈述，最终下达到实际生产销售部门，这也大大地浪费了时间。"然而，长期的经验证明，所谓"节省时间"是非常不确定的。的确，有时候一份紧急的订单在当天晚上就可以送到个人手中，但是如果你所认识的那个人出去钓鱼了、打球了、生病了或是辞职去了一家与原公司相竞争的公司，那岂不是事与愿违了吗？

在实际业务中，有很多目光短浅的销售人员将公司业务据为已有，将公司的顾客看作是个人的财产。为此一家公司必须要建立一整套固定的规章和制度，并形成公平、公正交易的信誉，否则就不可能在激烈的市场竞争中存活下来，也无法给公司员工提供稳定的工作和客观的报酬。公司的规章和制度一旦确立，作为员工，不要养成用钻牛角尖的想法来试图更改公司制度的习惯。相反，要和公司的规章制度保持一致，站在公司一边，为公司自豪，尊重公司和支持公司，将公司的利益看成是你自己的利益。只有这样做的人才能成为公司真正必不可少的人，才能够成为在业务中拿满分或得高分的人。与此相反的做法是，在公司的大旗下经营自己，整天忙忙碌碌，接连不断收到各种送礼、信件、请柬、恩惠和拜访，慢慢地这种人会变得骄傲起来，当别的销售人员招待他的顾客或是处理他的信件时，他就会抱怨。他开始暗藏玄机，钻营妄为。由此，会经常与同事闹矛盾，将自己的利益凌驾于公司整体利益之上。

我们应该在个人的成长中向集体靠拢，与集体一起成长，而不是远离集体。

永远不要为自己那点儿业务而沾沾自喜，甚至经常威胁说要带走顾客，否则，最后得不偿失的是你自己。因为无论哪个公司，都不会"宽容"这样自私自利的人。

即便你可能又找到了一份新工作，但也只是为了再一次实现你的个人抱负而已。而事实上你并未学到任何有价值的东西，因为当你到一家新公司时，你便又开始"身在曹营心在汉"，夹带着实现自己美好抱负的愿望，开始与自己公司的竞争对手建立联系，以获得一份更好的工作。公司的利益也是你的利益，个人利益的取得是建立在公司利益基础之上的，如果你不意识到这一点，就会滑入利己主义的深渊。

一个优秀的职员应该具备这样的品质——面临打击和失败时他不会逃之夭夭，也不会撒手不管，能够勇于面对公司的财务赤字，并敢于承担羞辱与失败。所有在乌云密布时还渴望自由翱翔的人都会很好地与公司的规章制度保持一致。

【优秀员工箴言】

要记住这一点：除非有人站出来承担失败的责任，否则就没有可以用来分配的利益。同样，一个能够真正成大器的人也要甘愿充当小人物。扪心自问，你肯充当这样的小人物吗？